AF609032

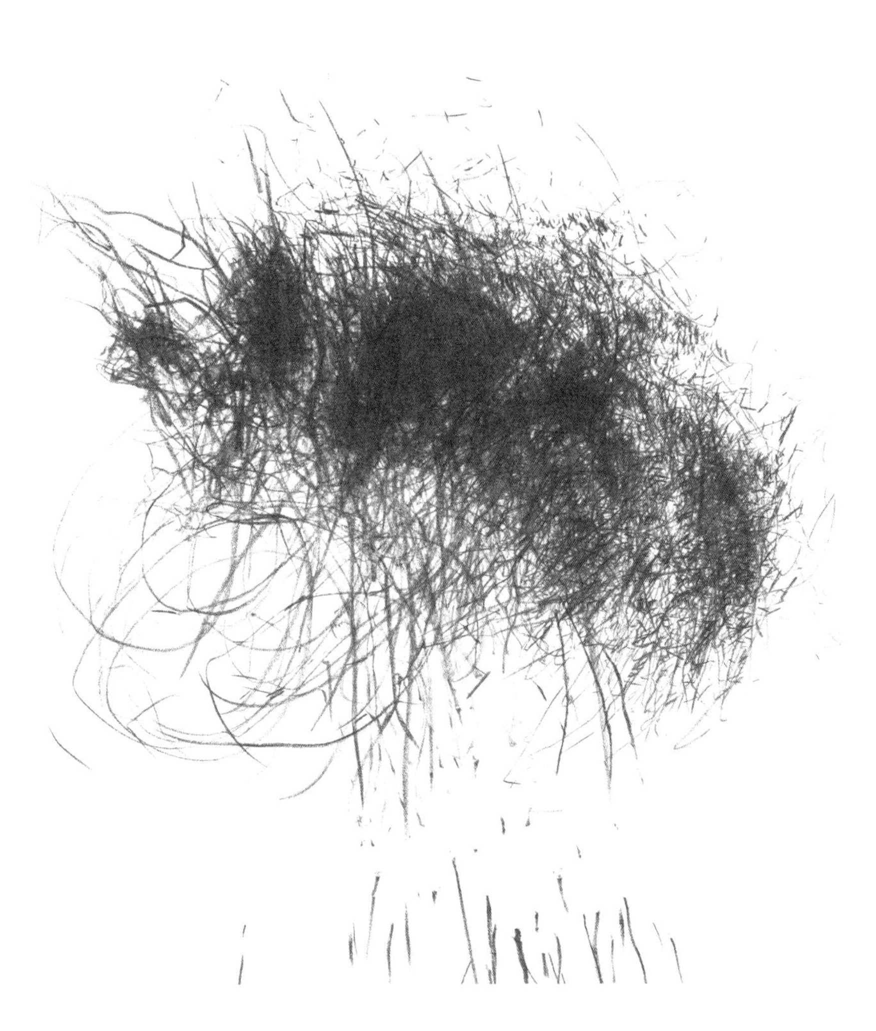

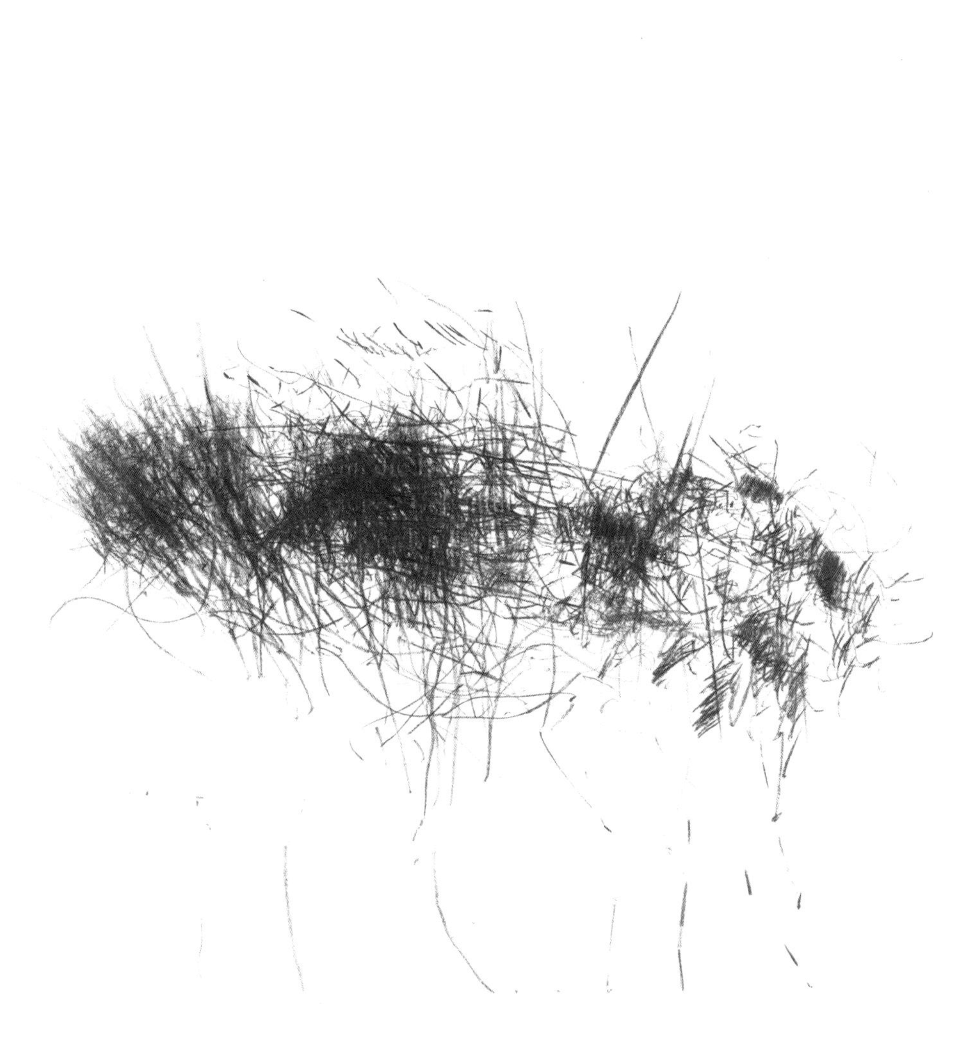

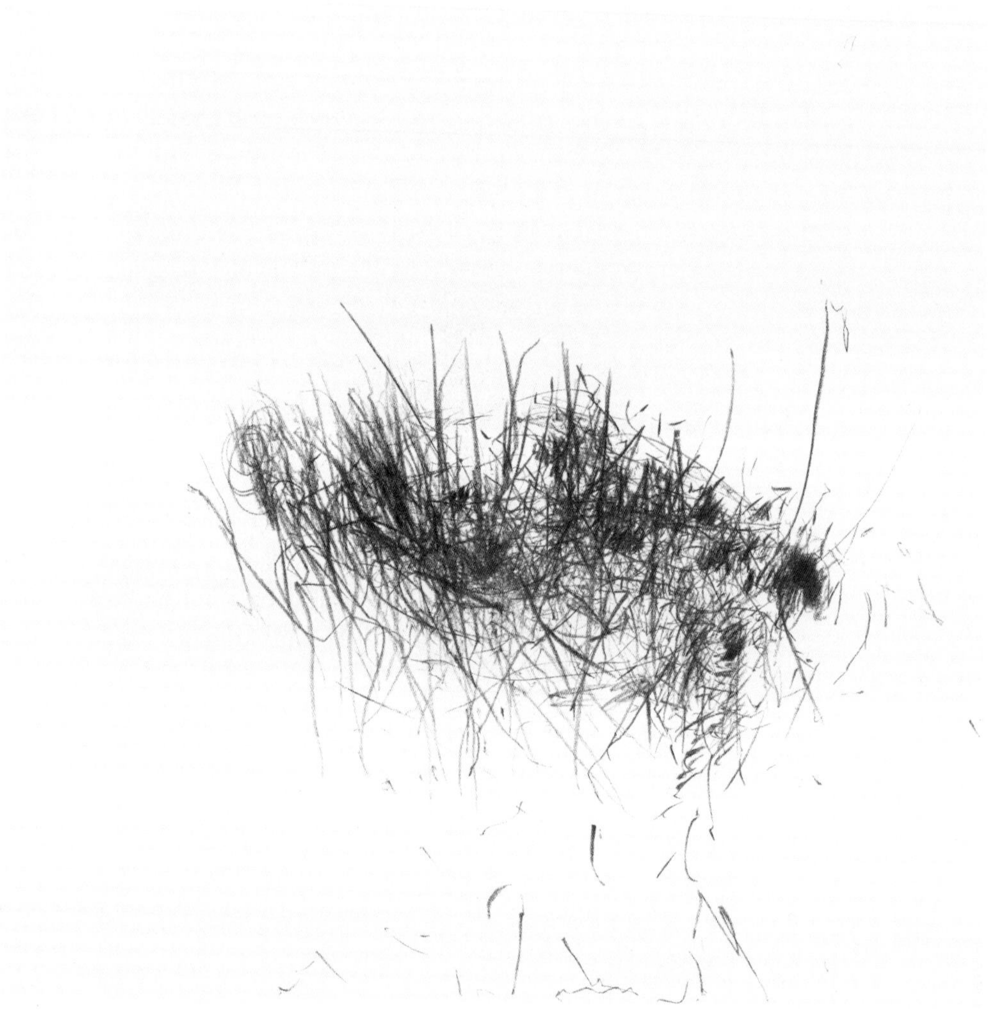

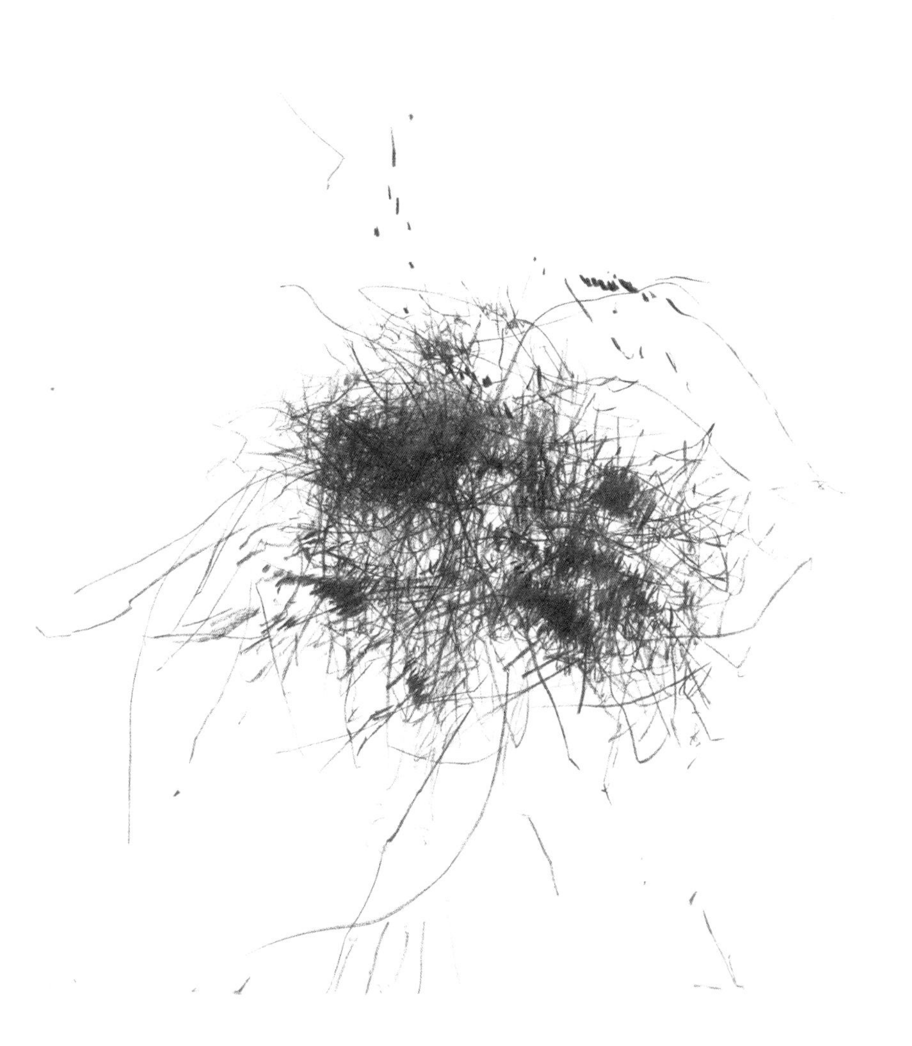

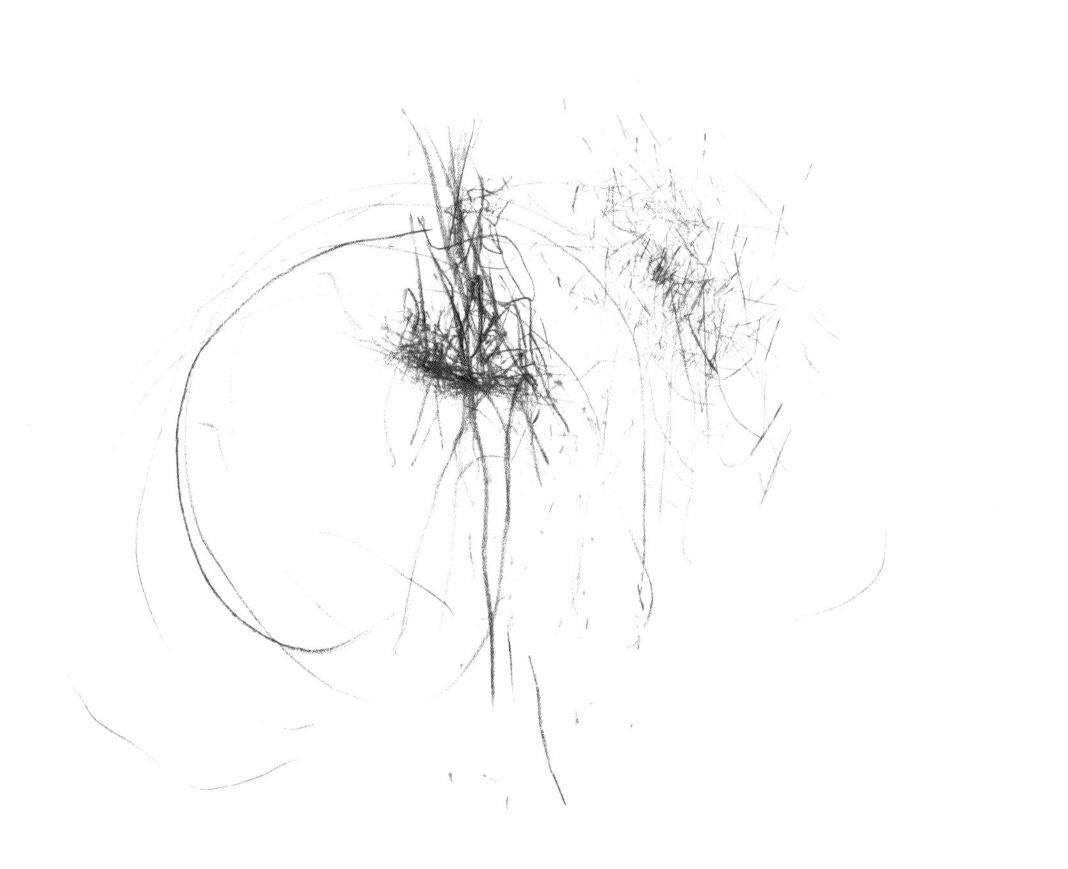

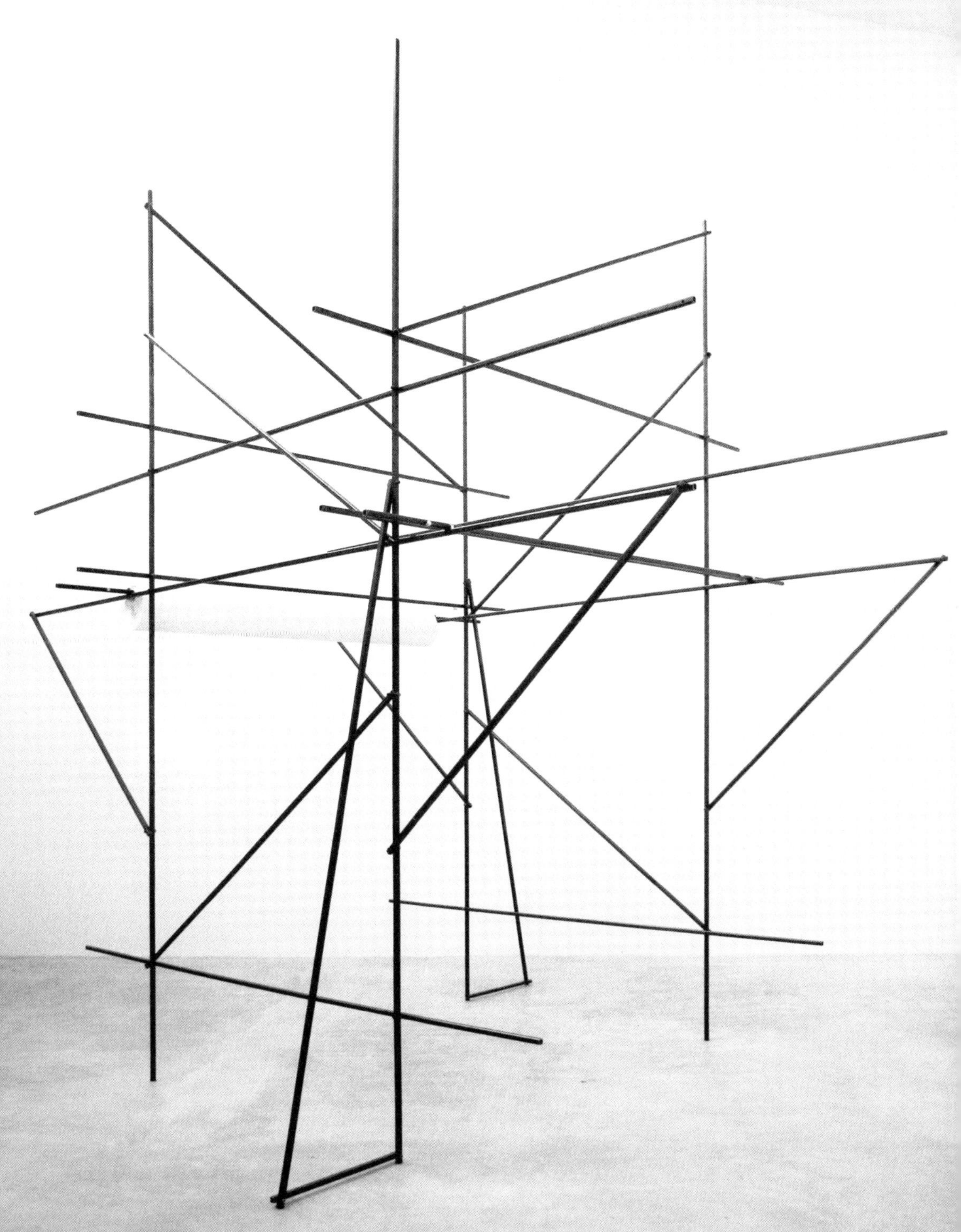

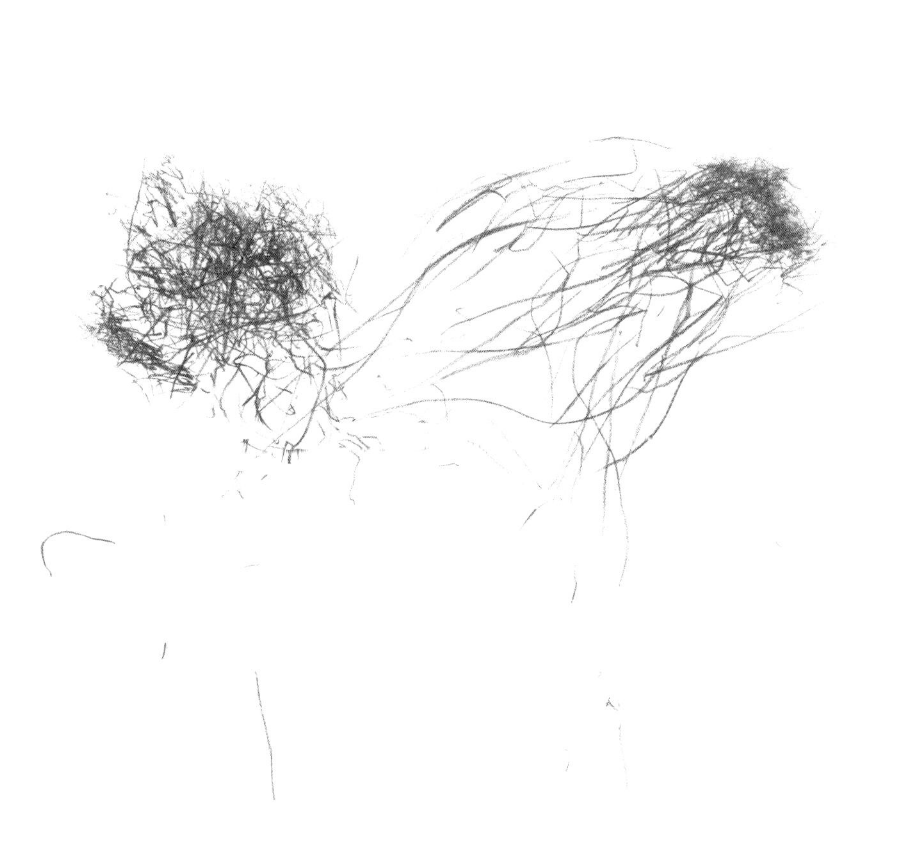

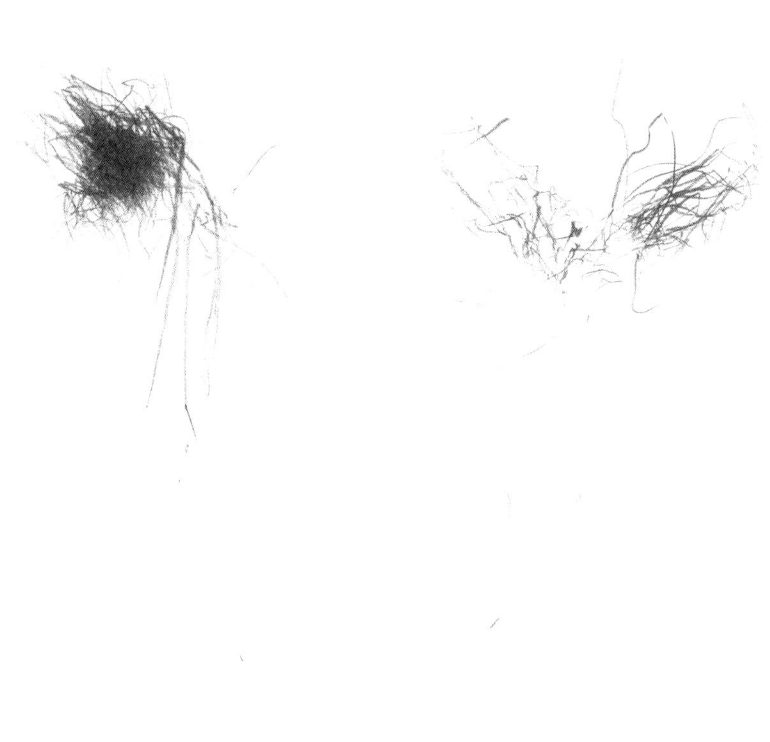

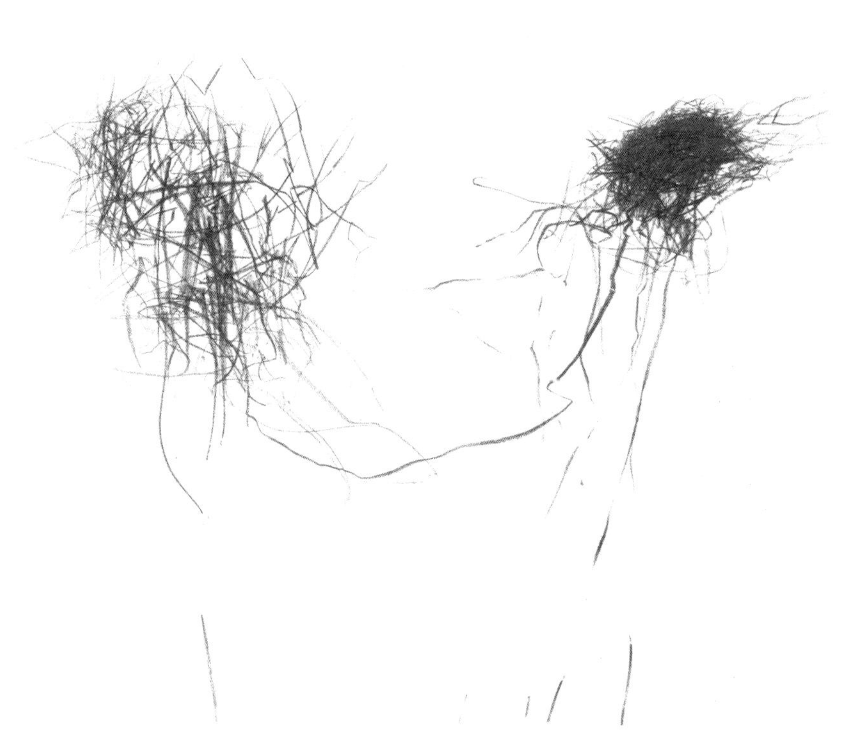

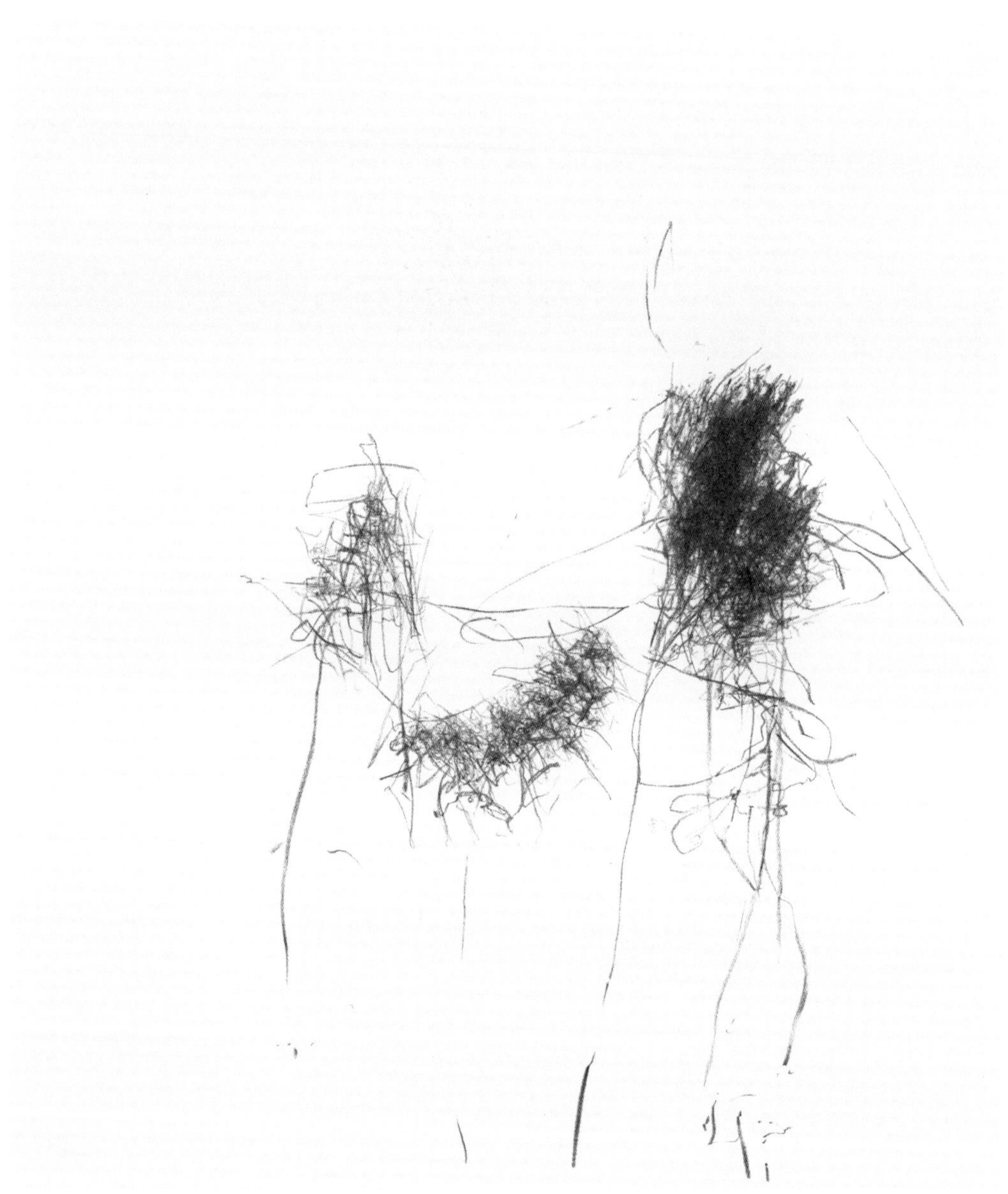

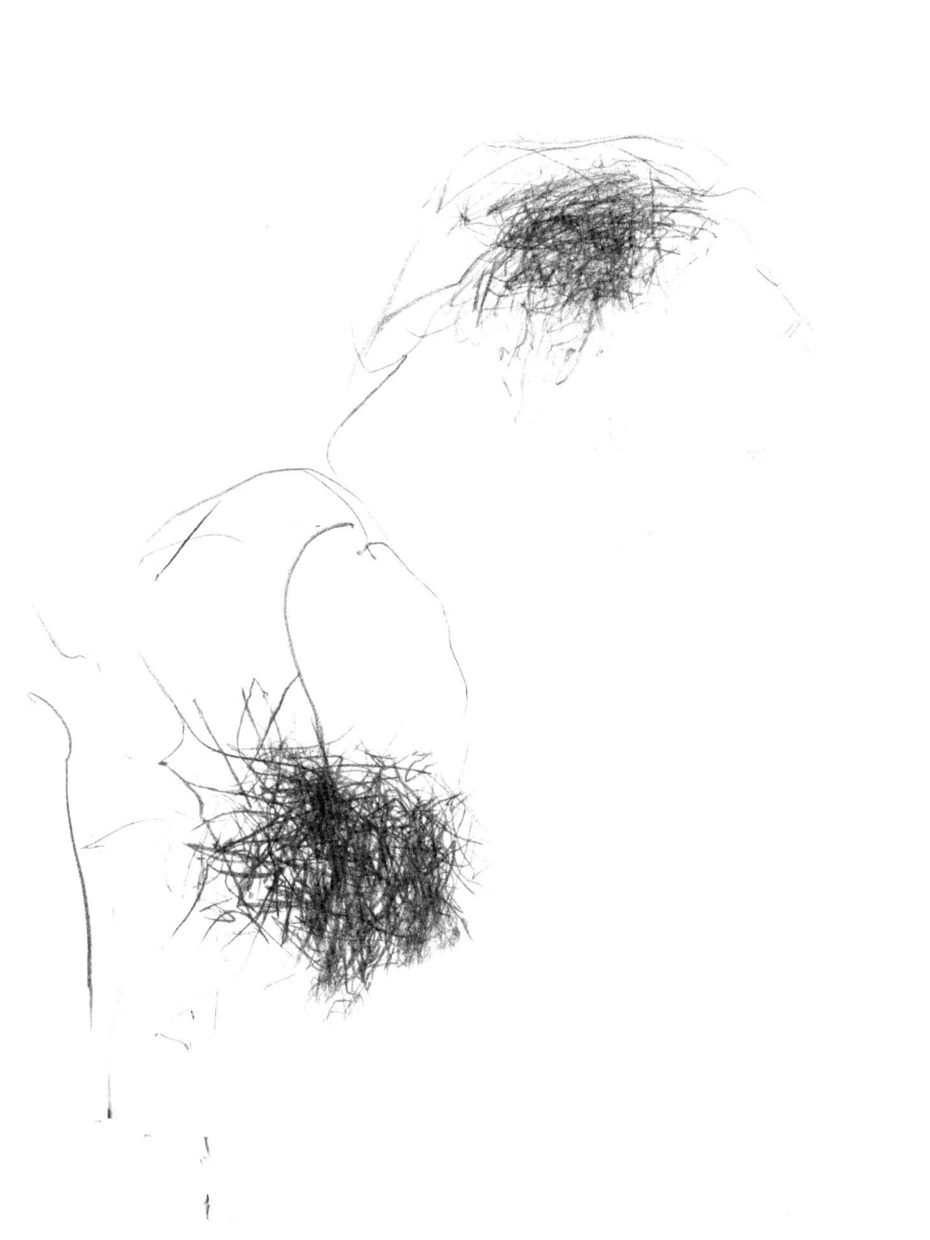

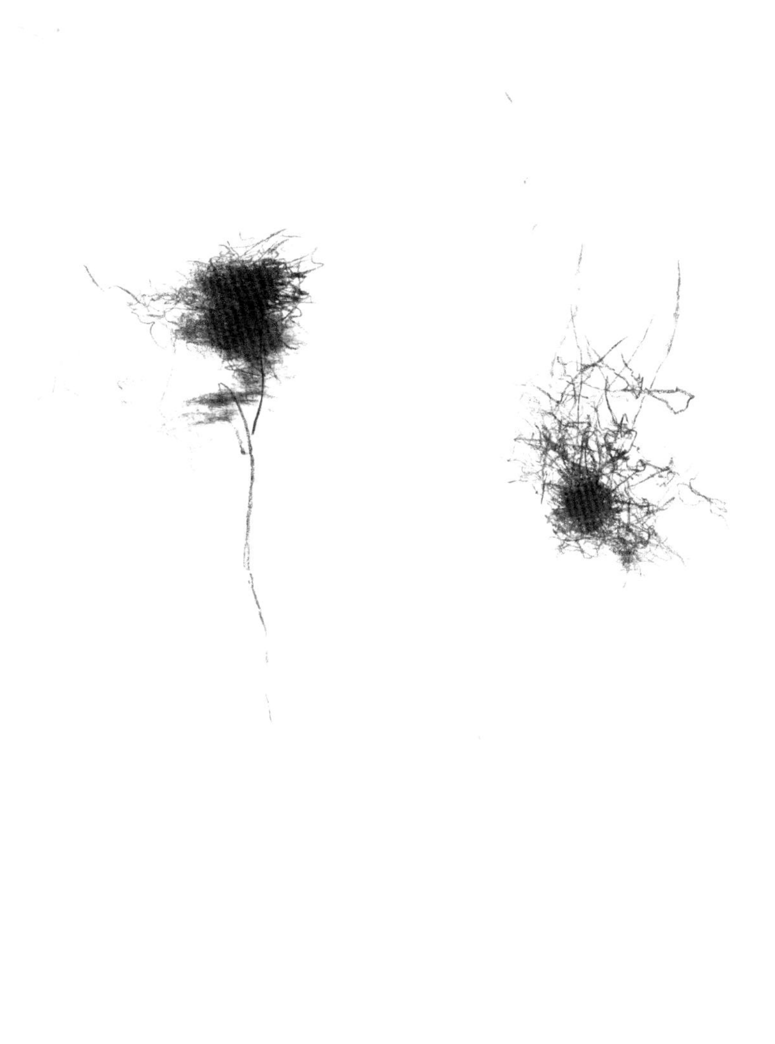

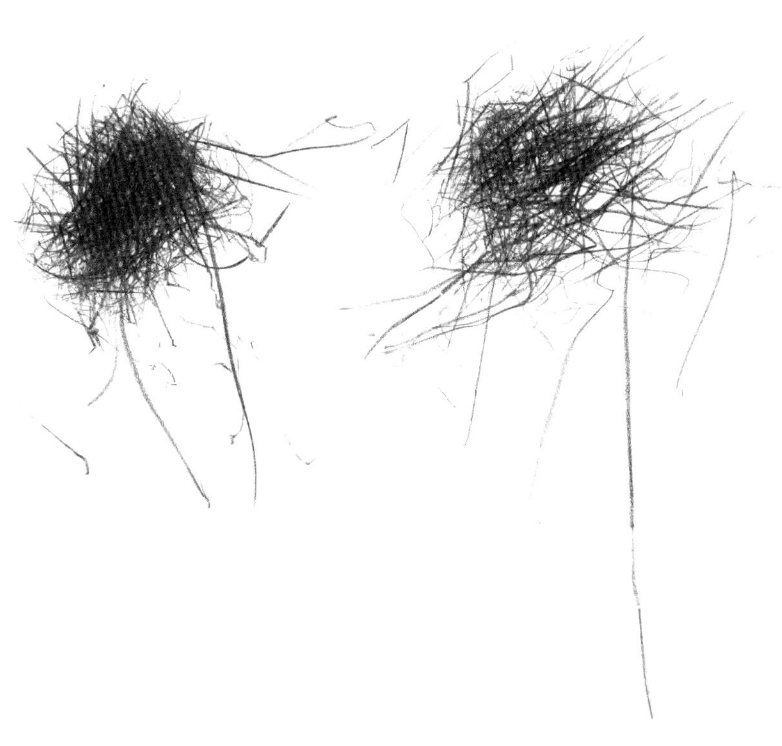

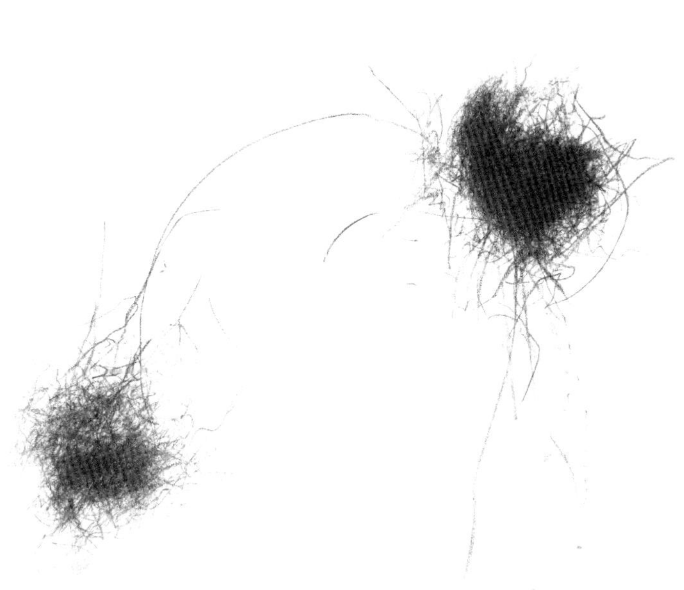

STELLA GEPPERT

SCORES AND SCULPTURES

MIT TEXTEN VON / WITH TEXTS BY

LUDWIG SEYFARTH

MAREN BUTTE

DISTANZ

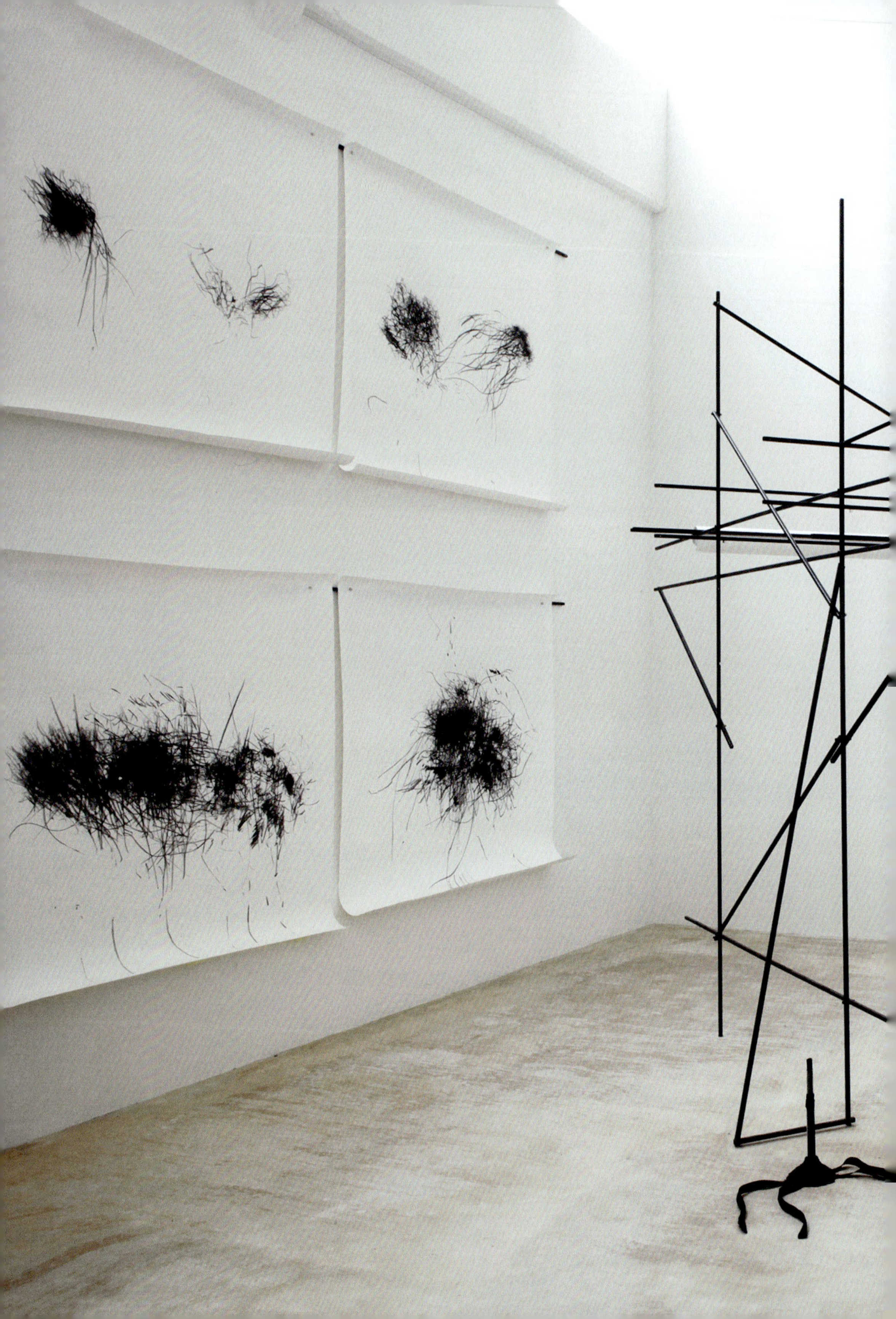

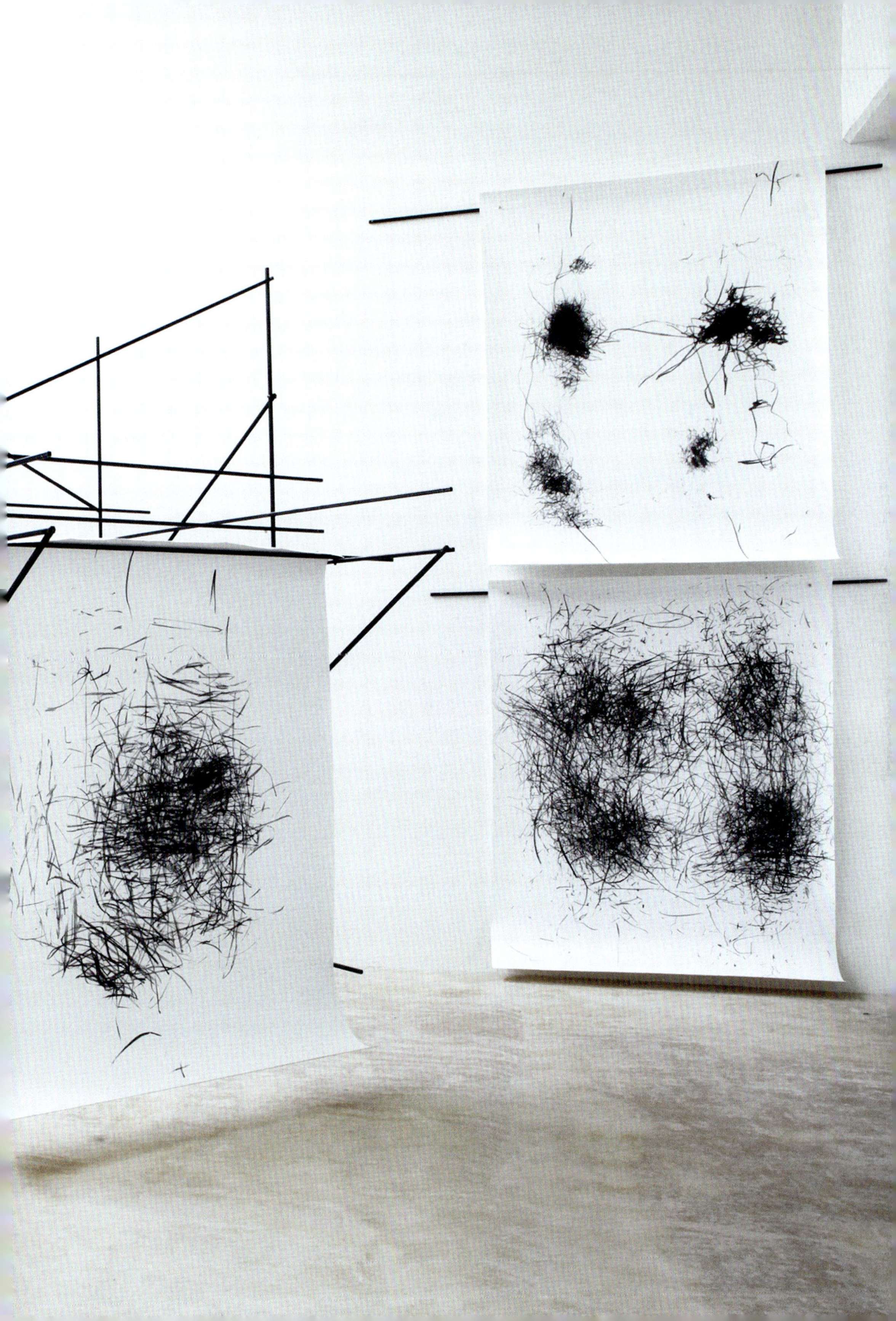

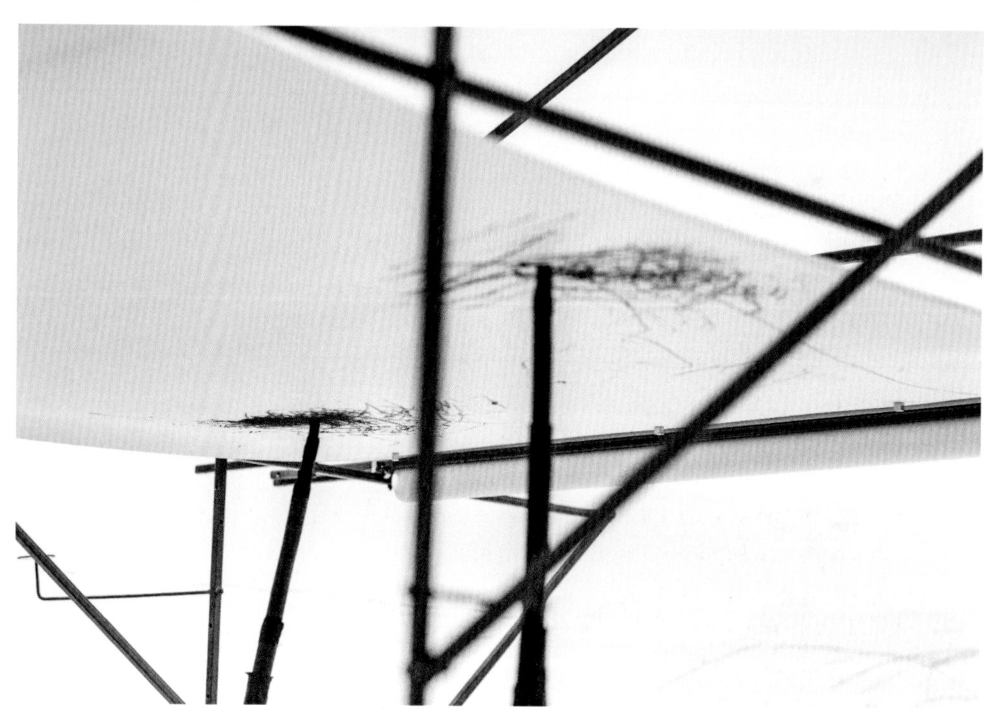

Talk with Mariella Greil about Sculpture and Choreography, June, 2018 while standing, 00:45 min, Körperarbeit, Kunsthalle der Sparkasse Leipzig (Detail / detail)

26–27: *Hieroglyphen-decke*, Studio-ansicht / Studio view, Berlin, 2016 Stahl, Papierrolle, Kohle, Silikon, Papierrohre, Zeichungen / Steel, screws, roll of paper, carbon, silicon, ribbons, drawings, Dimensions 300 cm × 300 cm × 215 cm (Drawing in the installation: *Solodance*, 2016)

A Communications Sculptor

by Ludwig Seyfarth

On Stella Geppert's drawings—which are actually imprints—of readings, conversations and other processes, and how the artist creates them

It is widely known that sculpture and modeling are not what they once were. The connection to the human figure, which endured for a thousand years, was largely abandoned in the twentieth century, and only in exceptional cases is an imitation of skin and other materials still employed. The material which Michelangelo and Rodin struggled so much with became a material not intended to mimic other materials, much less living matter, but rather to express own its character. As such, this rendered materials besides marble, bronze, and wood aesthetically promising. In the 1960s and 70s, a series of substances came into artistic use that galleries had previously rejected. Beuys used fat and felt, Dieter Roth chocolate, and the American minimalist sculptors championed industrially-fabricated metal and iron plates.

This expansion of the concept of material called into question many things, but not the basic definition of sculpture as a "three-dimensional, physical art object" (Wikipedia). Stella Geppert, who explicitly identifies as a sculptor, goes beyond this. She understands sculpture as an "investigation of relationships," in which the sculptural elements do not always stand for themselves but often also fulfill a function within the framework of a temporally-delineated action. Take, for example, the room-encompassing constructions made of metal bars the artist has produced, which by themselves could also—if placed in front of a municipal building—work well as constructivist sculptures. However, these sculptures serve exclusively as a "frame" for various actions carried out by Stella Geppert or for which she invites others to participate in. These actors all wear a headpiece consisting of a long rod strapped to the head, on the end of which a piece of charcoal is attached. Thus "installed," the artist sits on a chair and reads. She reads for a long time, until she completes the first reading of a book. She engages with texts by visual artists, such as Robert Morris's *Notes on Sculpture* (p. 1) and Marcel Duchamp's *The Creative Act*, (p. 7) as well as philosophical books such as Henri Bergson's *Time and Free Will* (pp. 3–4) and Ludwig Wittgenstein's *Tractatus Logico-Philosophicus*. While engrossed in the reading, the charcoal on the end of the rod "writes," as it were, since there is a large roll of paper spread across the "ceiling" of the metal construction. The rod is precisely long enough to touch the paper. This unusual "inscription" does not follow the contents of the respective book, or even the thoughts of the artist—for then the charcoal would have to be capable of reading, too—but rather automatically traces the movements of the head and body while reading, the often incidental actions such as nodding, swinging, rocking and circling. In the end, a drawing is produced, a coil of multiple overlapping lines in which the temporal course of the reading process is pictorially compressed.

The drawings shift the attention from the question of *what* we read to the question of *how* we read. Normally we do not read situated within a sculptural construction. We sit in an armchair or at a desk, in trains or airplanes, book in hand, or or with a digital text saved on an iPad. The latter also means that the physical presence of the book disappears—useful, perhaps, since it allows us to read the contents of a heavy tome without having to lug it around with us. The size and the weight of a book also affect the physical state of reading. We hardly notice it when we are engrossed in reading, but as readers, we too have bodies, and are located in a space with a certain atmosphere and dimensions. All of this influences how we read; and when our movements leave behind a trace, it is always distinct.

Everything we do is an interaction with an environment or with a human counterpart. This is also true for activities such as speaking and dancing, which Stella Geppert also organizes in sculptural settings constructed especially for this purpose. She invites people with whom she has a two-person dialogue on various topics, which she then makes a note of on the resulting drawings, including the precise date of the conversation (with the readings, the time periods are also noted, together with the exact bibliographic details of the books read). The conversations are forty-five minutes long; an exception is the *Athens Conversation* from 2016, on the topic of *Democracy and Identity: Nationality Doesn't Exist*, (pp. 40, 123) with four participants from Greece and a duration of ninety minutes. When more than two people are involved in an action, shared social activities such as eating or dancing—typically in groups of four—take place and more precisely, under the *Hieroglyphendecke* [Hieroglyph Ceiling, cover, p. 9, pp. 26–27]—as the artist calls her largest, almost architectural construction. The conversations are not recorded. The tran*script* is a trace of the movements left behind on the respective sheets of paper by the pieces of charcoal on the *Headsets* worn by all those involved. Depending on the number of people and the respective radius of movement, multiple coils of lines or individual constellations of strokes come into form, always forming distinct compositions.

Regardless, it is a performance, through the course of which a drawing is produced. But what does this really have to do with sculpture? A credo of the artist is: "for me, there's no creative process that is removed from everyday actions." One should also understand Geppert's expanded conception of sculpture in this regard. She is less interested in the volumes of the sculpture, or the thing depicted in a painting or a drawing, but rather how new processes of producing forms can be generated from everyday activities taking place in space. She ultimately undertakes artistic research on the question of how perceptions can be strengthened for what lies beyond discursive information or communication of knowledge. She understands her examination of the relation between bodies, movements, and space "not in the sense of an emotional and private individual experience, but rather as an experimental field for political and societal shifts. With the bodies of my interventions and in the sculptural mediations, I attempt to counteract the political power structures in a particular manner." Such a comprehensive claim is reminiscent of Joseph Beuys's concept of social sculpture, formulated in 1972 as "Die modernste Kunstdisziplin 'Soziale Plastik, Soziale Architektur' wird erst dann in vollkommener Weise in Erscheinung treten, wenn der letzte lebende Mensch auf dieser Erde zu einem Mitgestalter, einem Plastiker oder Architekten im sozialen Organismus geworden ist (...) dann erst wäre Demokratie voll verwirklicht." ["The most modern artistic discipline of social sculpture, social architecture, can only appear in a perfect way when every person on this planet has become a co-designer, a sculptor, or an architect in the social organism [...] only then will democracy be fully realized."][1]

To a certain extent, Stella Geppert appropriates Beuys's democratic understanding of art; the *Hieroglyph Ceiling* is a visible model of a democratic situation where all people are assembled on the same level, under the same ceiling, which everyone touches with their headsets. In this way, contact to the ceiling and floor takes place simultaneously, a vertical anchoring through touch. The purely visual is secondary in light of the activated bodily feeling. One ultimately does not see what one draws on the ceiling, but can see the tangles of lines left behind by the movement of others. It is a collective creative process in which perceiving and being perceived are always dependent upon and penetrate each other. Interpersonal relationships and social spaces become visible and tactile in unusual ways. The gradual "assignation" of artistic "handicraft" to technical instrument and recording devices is, as it were, recovered by the body. She utilizes technical instruments to become aware of physical activities. Stella Geppert's "social sculpture" is not an emphatic liberation of repressed creativity, but rather a kind of experimental setup delineating and visualizing—often with great humor—societal restrictions and "constraints."

That the human organism has to adapt to the rhythm and tempo of machines is one of the main sources of inspiration of the slapstick that demonstrates the "pathos against the absurd" and also regards Jörg Heiser as a central inspiration and stylistic device of the art of the last century.[2] The time needed for the execution of a bodily gesture or movement is imploded by a time interval that makes it stumble in the process or completely interrupts it. Charlie Chaplin's film *Modern Times* (1933–36), likely the best-known slapstick treatment of the mechanical, could almost be read as a caricature of the American entrepreneur Frank Gilbreth. Gilbreth aimed to realize workers' sequences of motions and therefore make them more economically efficient, developing a process that shares commonalities with Stella Geppert's "transcription technique." He visualized the progression of the workers' own bodily movements. A source of light attached to a hand or an arm left a trace on photographic paper. At times, this line was even executed as a wire sculpture to visualize the movements in a spatial way. With Stella Geppert's work, in contrast, the human body does not need to follow the rhythm of the assembly line and machines, but rather the apparatus follows the movements of the bodies. Wearing a "drawing rod" on one's head is not free of humor, however. The apparatus almost seems like a strange extension of the body, an extraneous organ, and thus is somewhat grotesque and clownish. The hats, made of silicone, almost look like suction cups or—together with the rod—like a plunger used for unclogging drains. Perhaps a clogged flow of ideas should be put back into motion? Wearing the hat also changes the feeling when moving one's head, activating the antennae directed by the "upwards" movement.

The form, attached to the bodies and provoking multiple associations, is reminiscent of the *Passstücke*, or "Adaptives," that Franz West began producing in the mid-1970s and wearing in small performances. The pieces in question were objects made of papier-mâché, plaster, and polyester, and wrapped in bandaging material. Photos show the "wearers" in various positions. The Adaptives are around stomach level, near the shoulder, the ear, or on a head. Occasionally, the form approaches that of a certain object, such as a home appliance or a musical instrument. Or it almost looks as if the form moves on its own, like an animal being held by another animal. Undulating forms, similar to Stella Geppert's drawings, create the impression that the words or flow of words have stopped in thin air and frozen. In this way, the Adaptives also illustrate metaphors, as Stella Geppert's coils of lines can be read as "conversational threads." West himself noted that "with his superficial understanding of Freud, he claimed when one could perceive neuroses [...] optically that they would look like Adaptives, that looked like the scores of gestures."[3] Like Stella Geppert, Franz West was also concerned with establishing—or better, proposing—a visibility beyond what is scientifically verifiable.

However, West's Adaptives function—even when they are not worn—as independent exhibition pieces, whereas Stella Geppert's *Headset* only act as instruments when in use during the actions. In contrast, shown separately as sculptures, are the ceramic objects mounted on tripods from the series *Another Kind of Documentation* (p. 46) that the artist created immediately after waking, in order to preserve the "memories" stored in her hands while sleeping. This is another kind of "transcription," making visible processes which escape the usual means of depiction.

As was the case with Robert Morris, who introduced the concept of "anti-form" in 1968, Stella Geppert is not concerned with creating "new" forms, but rather with letting something happen, only establishing conditions so that the form can arise spontaneously, as it were. This is very much in keeping with the British art critic David Sylvester, who formulated the following in an article on Andy Warhol: "One of the strengths of artists in all media in the second half of the twentieth century has been that they seem to have believed that less intervention is more."[4] This is also true for the series *When Destruction Becomes New Form*, (p. 90) for which Stella Geppert destroyed black letter trays in various ways: folded, thrown, broken, kicked at, jumped upon, hammered. From the various kinds of destruction, new forms were generated, the fragments of which were put together. The artist states: "The act of destruction can be understood as not only an ironic answer to the aestheticization of industrially produced goods – this work also functions as a liberating punch in the face of everything that is serial. Standardized furniture is an expression of administrative culture that, with its strict rules, excludes all those who do not conform to the system."[5]

The idea of a framing situation that allows the actual form—or rather anti-form—to emerge, was already present in Stella Geppert's 2002 installation *Parasitäre Verhältnisse und Dialoge* [Parasitic Relations and Dialogues, p. 48] in the Alexanderplatz underground station in Berlin. There, the artist examined the ways in which people lean on the handrails on the underground platform, and fastened padding there that looked as though it had always been there for use. It encouraged people to lean against it and therefore spend more time than usual on the platform, creating temporary sculptures to which the people leaning inseparably belonged.

Many of Stella Geppert's sculptures—as well as the drawings produced by the headsets—can be understood as "impressions." An important source of inspiration for her approach to impressions is Georges Didi-Huberman's book *Ähnlichkeit und Berührung*. With an attempt at an "anthropology of touch,"[6] Didi-Huberman aims to support the imprint as a form of cultural technique, neglected by art and cultural historians in favor of the concepts of originality and active formation. The notion of a *Hieroglyph Ceiling* also arises from ideas originating in Didi-Huberman's book.

Let us understand Stella Geppert's process of self-generated imprints, then, as a cultural technique that could replace common techniques of transcription or recording. The drawings arising from the *Headset* coming into contact with the paper attached to the ceiling summarizes the temporal course of the actions, rendering it spatially on the paper's surface. One can compare it to the photographic drawings of temporal processes by Marey or Gilbreth, but here we do not see separate phases of movement or continuous traceable lines, but rather a multi-layered overlapping. If compared with photography, the tangle of lines might be closer to the long-exposures of Michael Wesely. His portraits generally have an exposure time of five minutes. With other motifs—such as the pictures Wesely made during the building phase at Potsdamer Platz—the duration of the exposure can be as long as two years.

If the long exposure times of early photography were still common today, long-term photos such as those by Wesely would be regarded as "normal" depictions of the world. Analogously, one could carry out the following thought experiment: what would happen if Stella Geppert's transcriptions were a culturally-bound form of information transmission and documentation? Does the fact that we cannot derive any direct informative value from them rely, perhaps, only on the fact that we are not accustomed to reading them as such? After all, we cannot understand the words of languages we do not speak, perceiving them merely as a series of noises and sounds, almost like a piece of music. Perhaps Geppert's tangled lines simply need a productive way of reading them to be coaxed out. The artist reports that a theoretical biologist has discovered a visual similarity between human intercellular communication and the haphazard, spontaneous movements introduced by the mathematician Karl Pearson under the concept of "random walks."

However, that her methods of depiction could lead to any kind of scientific application is not of interest for the artist. Rather, she is focused on consciously evoking bodily perception and the production of spatial relationships in order to make interpersonal relations visible, as sculpture always has done. In contrast to a painting, a drawing, or a photograph, a sculpture does not form its own sphere of depiction, but rather is located in the same space as the viewer. When one moves around a sculpture, a total system, as it were, is formed, made up of the sculpture, the viewer (or the body of the viewer), and the spatial surroundings, the latter of which Stella Geppert considers integral. Her process is also comparable to dance choreography.

That there is an abstraction from the physical presence of the viewer is also a result of the "white cube," the clean, neutral exhibition space in which, according to Brian O'Doherty, recipients are conceived purely as viewers, namely as a disembodied eye. But that sculpture always produces physical presence and bodily reactions only then becomes entirely clear when this presence is counteracted—by Alberto Giacometti, for instance, whose narrow figures appear wraithlike from a distance. And the framing constructions consisting of narrow ridges, mostly appearing in Giacometti's earlier works, as in his 1932 table sculpture *The Palace at 4 a.m.*, delineate space in a manner similar to Stella Geppert's constructions made of metal rods.

The physically existing frameworks in which Stella Geppert has her actions take place also makes reference to the social frameworks analyzed by the sociologist Erving Goffman.[7] And it is the social frameworks, the societal rules of communication, that often unconsciously determine physical actions—for instance, how close we get to others, which positions we assume in a room, and so forth, that are the focus of Stella Geppert's interests when she imagines "communication as a sculptural incident." The artist's following thesis is also to be understood in this regard: "the form itself navigates within the waves of the prepared harbor." This navigation concerns the production of a shaped form and the production of a communication situation. There is no fundamental difference between the two for the artist.

Geppert fundamentally aims to strengthen awareness for a perception not determined by the eyes, but from above and below, making other spatial relationships tangible. "Shaping with the tip of the nose, thinking about the back of the head." Ultimately, the communications sculptor also addresses questions concerning society as a whole: how are collective spaces made visible? How can a democratic process be depicted aesthetically? She also regards the egalitarian coexistence invited by an invitation issued from under her *Hieroglyph Ceiling* as an ideal situation to sort out such questions. With her art, Stella Geppert ultimately formulates a high claim to political effectiveness that is in no way inferior to that of Joseph Beuys. ———

1) Joseph Beuys, "Ich durchsuche Feldcharakter," quoted in Charles Harrison and Paul Wood, eds., *Kunsttheorie im 20. Jahrhundert*, Vol. II, (Ostfildern-Ruit: Hatje Cantz, 1998), 1119.

2) Jörg Heiser, *Plötzlich diese Übersicht. Was gute zeitgenössische Kunst ausmacht* (Berlin: Claassen, 2007), 17–18.

3) Franz West, *Proforma*, (Vienna: Museum moderner Kunst Stiftung Ludwig, 1996), 97.

4) David Sylvester, *About Modern Art*, (London: Chatto and Windus, 1996), 389.

5) The creative act of the destruction of those mass-produced letter trays in the series *When Destruction Becomes New Form* cannot only be understood as an ironic response to the aestheticisation of manufactured goods – this work looks almost like a liberating jab at the epicentre of all things serial. Regine Rapp in: *Put Away, Install, Display – On the Provisional and the Processual in the Art of Stella Geppert*, (Hamburg: Textem Verlag, 2011).

6) Georges Didi-Huberman, *Ähnlichkeit und Berührung. Archäologie, Anachronismus und Modernität des Abdrucks* (Cologne: Dumont, 1999), 31.

7) Erving Goffman, *Frame-Analysis. An Essay on the Organization of Experience* (New York: Harper & Row, 1977).

Eine Kommunikations-Bildhauerin
von Ludwig Seyfarth

Zu Stella Gepperts Lese-, Gesprächs- und weiteren Zeichnungen, die eigentlich Abdrücke sind, und dazu, wie die Künstlerin sie entstehen lässt

Bildhauerei und Skulptur sind bekanntermaßen längst nicht mehr das, was sie einmal waren. Die Jahrtausende währende enge Bindung an die menschliche Figur wurde im 20. Jahrhundert weitgehend aufgegeben und ebenfalls nur in Ausnahmefällen findet noch eine Imitation der Haut und anderer Stoffe statt. Die Materie, mit der Michelangelo und Rodin noch eindrucksvoll gerungen hatten, wurde zum Material, das nicht andere Stoffe oder gar lebende Materie vortäuschen, sondern seinen eigenen Charakter zum Ausdruck bringen sollte. Damit wurden auch völlig andere Stoffe als Marmor, Bronze und Holz ästhetisch hoffähig. In den 1960er- und 1970er-Jahren kamen reihenweise Substanzen künstlerisch in Gebrauch, denen jede Galerie vorher die Tür gewiesen hätte. Beuys brachte Fett und Filz, Dieter Roth Schokolade, die amerikanischen Minimalbildhauer*innen industriell gefertigte Metall- und Eisenplatten zu Ehren.

Diese Erweiterung des Materialbegriffs stellte vieles infrage, nicht aber die Minimaldefinition der Skulptur als »dreidimensionales, körperhaftes Objekt in der Kunst« (Wikipedia). Über diese geht Stella Geppert, die sich ausdrücklich als Bildhauerin versteht, hinaus. Sie versteht Bildhauerei als »Verhältnisforschung«, bei der skulpturale Elemente nicht immer für sich selbst stehen, sondern oft auch eine Funktion im Rahmen einer Aktion von zeitlicher Dauer erfüllen. Stella Geppert stellt zum Beispiel raumgreifende Konstruktionen aus Metallstangen her, die, für sich genommen, auch als konstruktivistische Skulpturen – etwa vor öffentlichen Gebäuden stehend – gut wirken würden. Doch dienen sie ausschließlich als »Rahmen« für verschiedene Aktionen, die Stella Geppert selbst ausführt oder für die sie andere Personen einlädt. Alle diese Akteur*innen tragen einen längeren, senkrecht auf den Kopf geschnallten Stab, eine Röhre, in deren Ende ein Kohlestift steckt. Derart »installiert« setzt sich die Künstlerin auf einen Stuhl und liest. Sie liest lange, denn es handelt sich stets um die vollständige, für sie erste Lektüre eines Buches. Sie nimmt sich Texte bildender Künstler*innen vor wie Robert Morris' *Bemerkungen zur Skulptur* (S. 1) und Marcel Duchamps Essay *Der kreative Prozess* (S. 7) sowie philosophische Bücher wie Henri Bergsons *Zeit und Freiheit* (S. 3–4) und Ludwig Wittgensteins *Tractatus logico-philosophicus*. Während sie in die Lektüre vertieft ist, »schreibt« der Kohlestift am Ende des Stabes gleichsam mit, denn oben an der »Decke« des Metallgerüsts ist ein großer Papierbogen aufgespannt. Der Stab hat genau die Länge, dass der Stift das Papier berührt. Die ungewöhnliche »Mitschrift« folgt also nicht dem Inhalt des jeweiligen Buches, auch nicht den Gedanken der Künstlerin – dann müsste der Stift sie ja lesen können –, sondern automatisch den Körper- beziehungsweise Kopfbewegungen während des Lesens, also oft unbewussten Handlungen wie Nicken, Pendeln, Wippen und Kreisen. Am Ende steht eine Zeichnung, ein Knäuel sich vielfach überlagernder Linien, in dem der zeitliche Verlauf des Lesevorgangs gleichsam bildnerisch verdichtet ist.

Die Zeichnungen verlagern die Aufmerksamkeit von der Frage, was wir lesen, auf die Frage, wie wir lesen. Normalerweise lesen wir nicht, wenn wir uns in einer skulpturalen Konstruktion befinden. Wir sitzen in einem Sessel oder am Schreibtisch, im Zug oder im Flugzeug, haben ein Buch in der Hand oder lesen einen digital gespeicherten Text auf dem iPad. Letzteres bedeutet auch, dass die physische Anwesenheit des Buches verschwindet – praktisch vielleicht, wenn wir den Inhalt eines schweren Folianten lesen können, ohne ihn herumtragen zu müssen. Die Größe und das Gewicht eines Buches wirken sich auch auf das körperliche Befinden beim Lesen aus. Das fällt uns vielleicht kaum noch auf, wenn wir in die Lektüre vertieft sind, aber auch als Leser*innen haben wir einen Körper, befinden uns in einem Raum mit einer bestimmten Größe und Atmosphäre. Das alles beeinflusst, wie wir lesen, und wenn unsere Bewegungen dabei eine Spur hinterlassen, ist es immer wieder eine andere.

Alles, was wir tun, ist eine Interaktion mit einer Umgebung oder mit einem menschlichen Gegenüber. Das gilt auch für Aktivitäten wie Sprechen und Tanzen, die Stella Geppert in eigens dafür konstruierten skulpturalen Settings ebenfalls stattfinden lässt. Sie lädt immer wieder Personen ein, mit denen sie zu zweit Gespräche über diverse Themen führt, die sie dann bei den entstehenden Zeichnungen mit angibt, ebenso wie das genaue Datum des Gesprächs (bei den Lektüren werden auch die Zeiträume genannt und die exakten bibliografischen Angaben der gelesenen Bücher). Die Gespräche sind 45 Minuten lang; eine Ausnahme bildete die *Athens Conversation* (S. 40, 123), die 2016 zum Thema *Democracy and Identity. Nationality doesn't exist* mit vier Teilnehmenden aus Griechenland stattfand und 90 Minuten dauerte. Wenn mehr als zwei Personen an einer Aktion beteiligt sind, finden – in der Regel zu viert – gemeinsame soziale Aktivitäten wie Essen oder Tanzen statt, und zwar unter der *Hieroglyphendecke* (Cover, S. 9, 26–27) – wie die Künstlerin ihre größte, fast architektonisch wirkende Konstruktion nennt. Die Gespräche werden nicht mitgeschnitten. Ihre »Aufzeichnung« sind die Spuren der Bewegungen, die die Kohlestifte an den von allen Beteiligten getragenen Stäben auf dem jeweiligen Papierbogen hinterlassen. Je nach Anzahl und Bewegungsradius der Personen treten mehrere Linienknäuel oder einzelne Strichkonstellationen zueinander und bilden immer wieder andere Gesamtkompositionen.

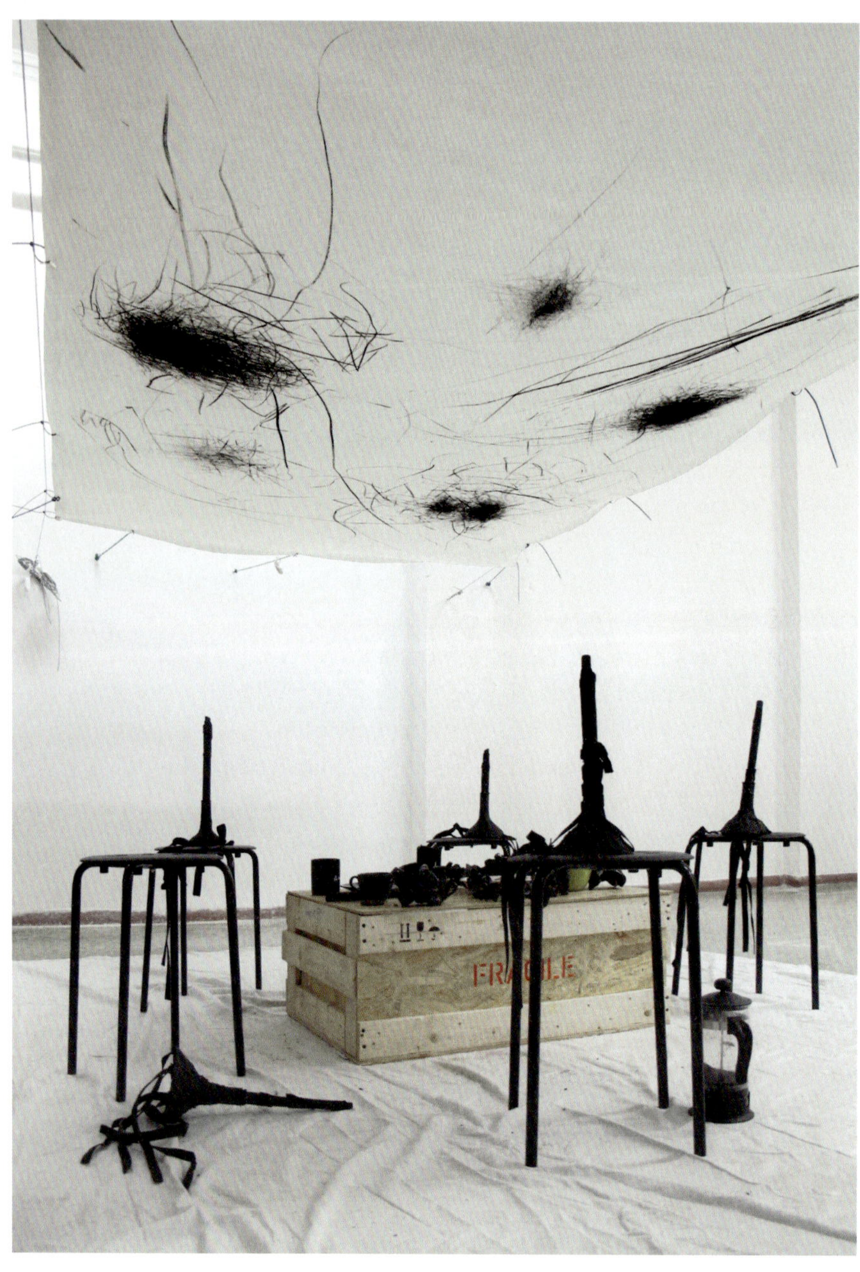

Athens Conversation, Talk about Democracy and Identity. Nationality doesn't exist, with Panos Dimitropoulos, Elpida Fragkeskidou, Ioli Katsarou, Danai Papadopoulou, while sitting, 90 min, »Idiopolis, Dialectics between subject and society«, State of Concept, Athens, 2016

In allen Fällen handelt es sich um eine Performance, aus deren Verlauf eine Zeichnung entsteht. Aber hat das wirklich mit Bildhauerei zu tun? »Es gibt für mich keinen Gestaltungsprozess, der losgelöst wäre von alltäglichen Handlungen«, lautet ein Credo der Künstlerin. In diesem Sinne ist auch ihr erweiterter Skulpturbegriff zu verstehen. Stella Geppert interessiert sich weniger für das Volumen der Skulptur, auch nicht für das auf einem Gemälde oder einer Zeichnung Dargestellte, sondern dafür, wie sich aus alltäglichen, sich im Raum abspielenden Aktivitäten neue Formfindungsprozesse generieren lassen. Sie betreibt letztlich eine künstlerische Forschung zu der Frage, wie sich die Wahrnehmung dessen verstärken lässt, was jenseits diskursiver Information oder Wissensvermittlung liegt. Sie versteht ihre Erforschung des Verhältnisses von Körpern, Bewegungen und Räumen »nicht im Sinne einer emotionalen und privaten Selbsterfahrung, sondern als Experimentierfeld für politische, gesellschaftliche Umschichtungen. In den Körpern meiner Interventionen und in den skulpturalen Eingriffen unternehme ich den Versuch, politisch konnotierten Machtverhältnissen auf räumliche Art und Weise entgegenzuwirken.« Solch ein umfassender Anspruch erinnert an Joseph Beuys' Begriff der sozialen Skulptur, den er 1972 so formulierte:

> »Die modernste Kunstdisziplin ›Soziale Plastik, Soziale Architektur‹ wird erst dann in vollkommener Weise in Erscheinung treten, wenn der letzte lebende Mensch auf dieser Erde zu einem Mitgestalter, einem Plastiker oder Architekten im sozialen Organismus geworden ist (…) dann erst wäre Demokratie voll verwirklicht.«[1]

1) Joseph Beuys, »Ich durchsuche Feldcharakter«, zit. n.: Charles Harrison, Paul Wood (Hg.), *Kunsttheorie im 20. Jahrhundert*, Bd. II, Ostfildern-Ruit 1998, S. 1119.

Stella Geppert knüpft in gewisser Weise an Beuys' demokratisches Kunstverständnis an; die *Hieroglyphendecke* ist ein anschauliches Modell einer demokratischen Situation, das alle Menschen auf gleicher Höhe unter der gleichen Decke versammelt, die alle mit ihren Stäben die Decke berühren. So entsteht

Decken- und Bodenkontakt zugleich, eine vertikale Verankerung durch Berührung. Gegenüber der Aktivierung des Körpergefühls tritt das rein Visuelle zurück. Man sieht selbst ja nicht, was man an die Decke zeichnet, dafür aber die Linienknäuel, welche die Bewegungen der anderen dort hinterlassen. Es ist ein kollektiver Schaffensprozess, in dem Wahrnehmen und Wahrgenommenwerden sich einander sowohl bedingen als auch durchdringen. Zwischenmenschliche Beziehungen und soziale Räume werden auf andere als gewohnte Weise sichtbar und vor allem fühlbar. Die allmähliche »Abtretung« der künstlerischen »Handarbeit« an technische Instrumente und Aufzeichnungsgeräte wird gleichsam körperlich wieder eingeholt. Sie bedient sich technischer Instrumente, um sich der körperlichen Aktivitäten bewusst zu werden. Stella Gepperts »soziale Plastik« ist keine emphatische Befreiung unterdrückter Kreativität, sondern eine Art Versuchsanordnung, die gesellschaftliche Zurichtungen und »Einspannungen« – nicht zuletzt humorvoll – kenntlich macht und bewusst vor Augen führt.

Dass der menschliche Organismus sich an den Rhythmus und das Tempo von Maschinen anpassen muss, ist eine Hauptinspirationsquelle des Slapsticks, der »Pathos gegen Lächerlichkeit« ausspielt und den Jörg Heiser auch als zentrale Inspiration und Stilmittel der Kunst der letzten hundert Jahre sieht.[2] Die Zeit, die für die Ausführung einer körperlichen Geste oder Bewegung benötigt wird, implodiert durch einen Zeittakt, der sie mittendrin ins Stolpern bringt oder völlig unterbricht. Der wohl bekannteste Maschinenslapstick, Charlie Chaplins Film *Modern Times* (1933–36), könnte fast als Karikatur der Bestrebungen des amerikanischen Unternehmers Frank Gilbreth gelesen werden. Gilbreth wollte die Bewegungsabläufe von Arbeiter*innen bewusst und damit ökonomisch effizienter machen und entwickelte ein Verfahren, das Gemeinsamkeiten mit Stella Gepperts »Aufzeichnungstechnik« aufweist. Er visualisierte den Arbeiter*innen den Verlauf ihrer eigenen

2) Jörg Heiser, *Plötzlich diese Übersicht. Was gute zeitgenössische Kunst ausmacht*, Berlin 2007, S. 17 ff.

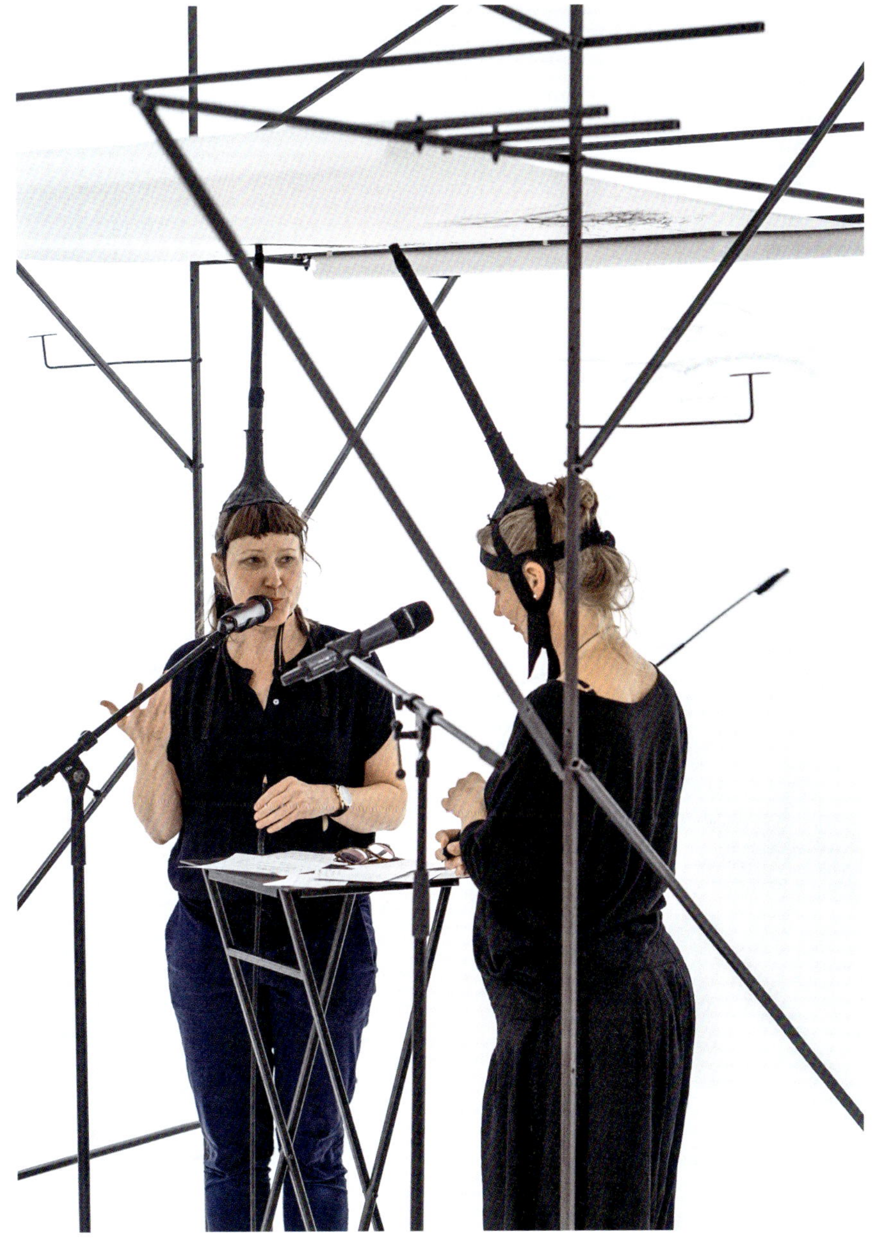

Talk with Mariella Greil about Sculpture and Choreography, June, 2018 while standing, 00:45 min, »Körperarbeit«, Kunsthalle der Sparkasse Leipzig (Detail / detail)

Körperbewegungen. Eine an der Hand oder am Arm befestigte Lichtquelle hinterließ eine Spur auf einem Fotopapier. Diese Linie wurde bisweilen sogar als Drahtplastik ausgeführt, um die Bewegung auch räumlich anschaulich zu machen. Bei Stella Geppert hingegen muss nicht der menschliche Körper dem Rhythmus der Fließbänder und Maschinen folgen, sondern die Apparatur folgt den Bewegungen der Körper. Das Tragen der Zeichenstäbe auf dem Kopf ist allerdings nicht frei von Komik. Sie wirken fast wie merkwürdige Auswüchse des Körpers, wie überschüssige Organe, und haben damit auch etwas Groteskes und Clowneskes. Die aus Silikon gegossenen Hüte sehen fast wie Saugnäpfe aus oder zusammen mit dem Stab wie eine Saugglocke, die auf verstopfte Abflüsse gesetzt wird. Soll vielleicht auch ein verstopfter Gedankenfluss wieder in Bewegung gesetzt werden? Das Tragen der Hüte verändert aber auch das Gefühl bei der Bewegung des Kopfes und stellt gleichsam eine durch die Bewegung aktivierte Antenne nach »oben« dar.

Die an den Körper angesetzte, vielfältige Assoziationen weckende Form erinnert an die *Passstücke*, die Franz West Mitte der 1970er-Jahre herzustellen begann und in kleinen Performances tragen ließ. Es handelte sich um weiße Objekte aus Papiermaché, Gips, Polyester und Verbandmaterial, das um Drahtgestelle gewickelt war. Auf Fotos sieht man die »Träger*innen« in verschiedenen Körperhaltungen. Die Passstücke befinden sich in Bauchhöhe, an der Schulter, am Ohr oder auf dem Kopf. Ihre Form nähert sich manchmal der Gestalt eines bestimmten Gegenstandes an, etwa eines Haushaltsgeräts oder eines Musikinstruments. Oder es sieht fast so aus, als würde die Form sich bewegen, wie ein von der Person gehaltenes Tier. Kringelformen, die denen auf Stella Gepperts Zeichnungen ähnlich sind, erwecken den Eindruck, als seien der Atem oder der Strom der Worte in der Luft stehen geblieben und hätten sich verfestigt. Auf diese Weise machen die Passstücke auch Metaphern anschaulich, so wie Stella Gepperts

Linienknäuel als »Gesprächsfaden« gelesen werden könnten. West bemerkte selbst, er habe mit seiner »oberflächlichen Freudkenntnis behauptet, wenn man Neurosen (…) optisch wahrnehmen könnte, dass sie wie Passstücke, die sozusagen Partituren von Gesten sind, aussähen.«[3] Wie Stella Geppert ging es also auch Franz West darum, eine jenseits des wissenschaftlich Nachprüfbaren liegende Sichtbarkeit herzustellen oder, vielleicht besser gesagt, vorzuschlagen.

3) Franz West, *Proforma*, Kat. Museum moderner Kunst Stiftung Ludwig Wien 1996, S. 97.

Wests Passstücke fungieren jedoch – auch wenn sie nicht getragen werden – als selbstständige Ausstellungsstücke, während die Zeichenstäbe bei Stella Geppert nur als Instrumente während der Aktionen im Einsatz sind. Separat als Skulpturen gezeigt werden hingegen die auf Tripodstative montierten Keramikobjekte der Serie *Another Kind of Documentation* (S. 46), welche die Künstlerin morgens direkt nach dem Aufwachen modelliert, um die »Erinnerungen« zu konservieren, die von der Nacht in den Händen gespeichert sind. Es handelt sich also auch hier um eine andere Art der »Aufzeichnung«, um Prozesse sichtbar zu machen, die sich den üblichen Darstellungsmitteln entziehen.

Wie schon Robert Morris, der 1968 den Begriff »Anti-Form« einführte, geht es Stella Geppert nicht um das Schaffen »neuer« Formen, sondern sie lässt geschehen, stellt nur die Rahmenbedingungen her, damit die Form gleichsam absichtslos entsteht – ganz im Sinne des britischen Kunstkritikers David Sylvester, der in einem Artikel über Andy Warhol formulierte: »Eine der stärksten Seiten von Künstlern aller Richtungen in der zweiten Hälfte des zwanzigsten Jahrhunderts ist, dass sie begriffen haben, dass ihre Arbeiten umso besser werden, je weniger sie eingreifen.«[4] Das gilt auch für die Serie *When Destruction Becomes New Form*, für die Stella Geppert schwarze Briefablagen auf verschiedene Weise zerstört hat – gefaltet, geschleudert, zerbrochen, getreten, besprungen, zerhämmert. Aus den Arten der Zerstörung generierten sich neue Formen, zu denen die Bruchstücke zusammengesetzt werden.

4) David Sylvester, *About Modern Art*, London 1996, S. 389. Deutsche Übersetzung nach: Ferdinand Ullrich (Hg.), *Guillaume Bijl. Installationen, Situationen und Kulturtourismus*, Recklinghausen 1998, S. 19.

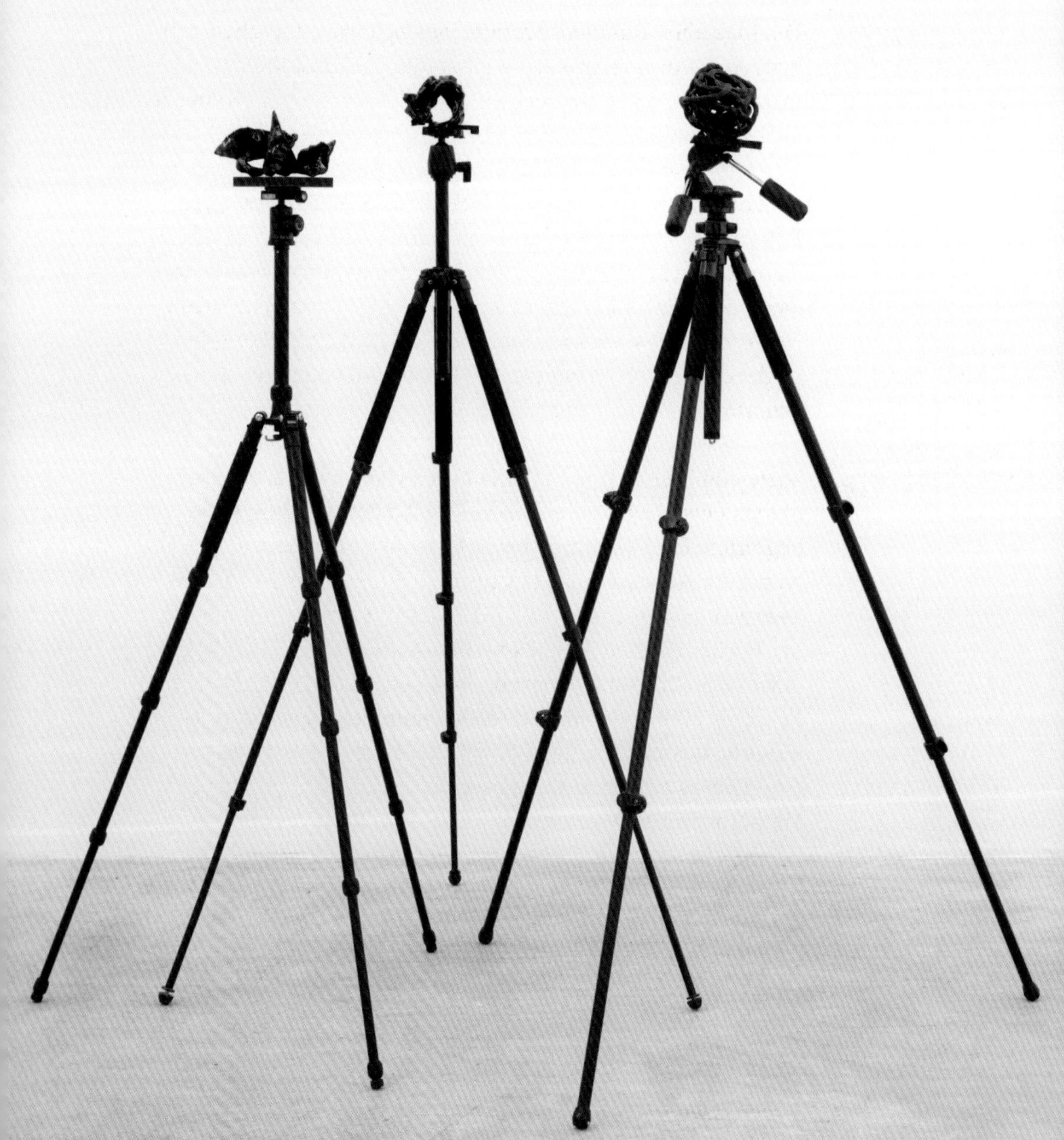

Dazu sagt die Künstlerin selbst: »Der Akt der Zerstörung kann nicht nur als ironische Antwort auf die Ästhetisierung industriell gefertigter Waren verstanden werden – diese Arbeit wirkt geradezu wie ein befreiender Faustschlag ins Epizentrum alles Seriellen. Das normierte Mobiliar ist Ausdruck einer administrativen Kultur, die nach strengen Regeln jene ausgrenzt, die mit dem System nicht konform laufen.«[5]

5) Regine Rapp in: *Abstellen, Aufstellen und Ausstellen. Über das Provisorische und das Prozesshafte in der Kunst von Stella Geppert*, Hamburg 2011.

Die Idee einer Rahmensituation, welche die eigentliche Form bzw. Anti-Form erst entstehen lässt, lag bereits 2002 der Installation *Parasitäre Verhältnisse und Dialoge* (S. 48) in der U-Bahn-Station Alexanderplatz in Berlin zugrunde. Stella Geppert untersuchte die Art und Weise, wie Menschen sich an ein Gitter auf dem Bahnsteig anlehnten, und befestigte dort Polster, die so aussahen, als ob sie schon immer dort gewesen wären und benutzt wurden. Sie forderten zum Anlehnen und damit auch zu einem länger als üblichen Aufenthalt auf dem Bahnsteig auf, sodass temporäre Skulpturen entstehen sollten, zu denen die sich anlehnenden Menschen dann untrennbar gehörten.

Viele von Stella Gepperts Skulpturen wie auch die mit den Stäben entstehenden Zeichnungen lassen sich als Abdrücke begreifen. Eine wichtige Inspirationsquelle für Stella Gepperts Kunst der Abdrücke ist Georges Didi-Hubermans Buch *Ähnlichkeit und Berührung*. Mit dem Versuch einer »Anthropologie der Berührung«[6] möchte Didi-Huberman dem Abdruck als einer gegenüber dem Konzept der Originalität und aktiven Formgestaltung vernachlässigten Kulturtechnik auch kunst- und kulturhistorisch zu seinem Recht verhelfen. Auch der Begriff der »Hieroglyphendecke« entspringt einer Anregung durch Didi-Hubermans Buch.

6) Georges Didi-Huberman, *Ähnlichkeit und Berührung. Archäologie, Anachronismus und Modernität des Abdrucks*, Köln 1999, S. 31.

Versuchen wir einmal, Stella Gepperts Verfahren der sich abzeichnenden Abdrücke als Kulturtechnik zu sehen, die an die

Another Kind of Documentation, »Idiopolis, Dialectics between subject and society«, State of Concept, Athen, 2016 Keramik, Fotostativ / ceramic, tripod foto

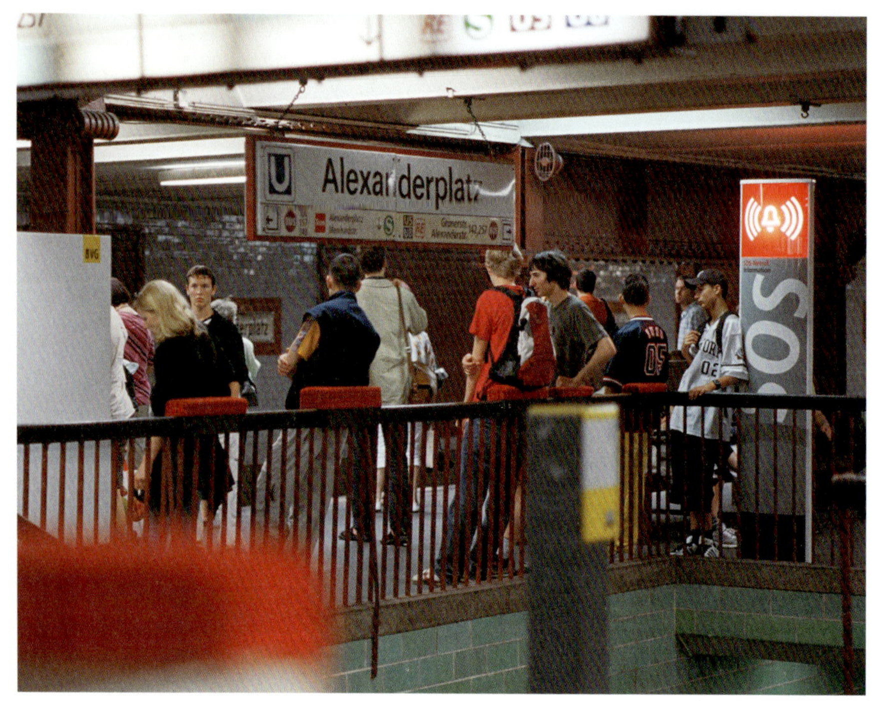

Parasitäre Verhältnisse und Dialoge, U-Bahnstation Alexanderplatz U2, Berlin, 2002
62 Polster, Lack, Metallbänder / 62 cushions, metal, lacquer

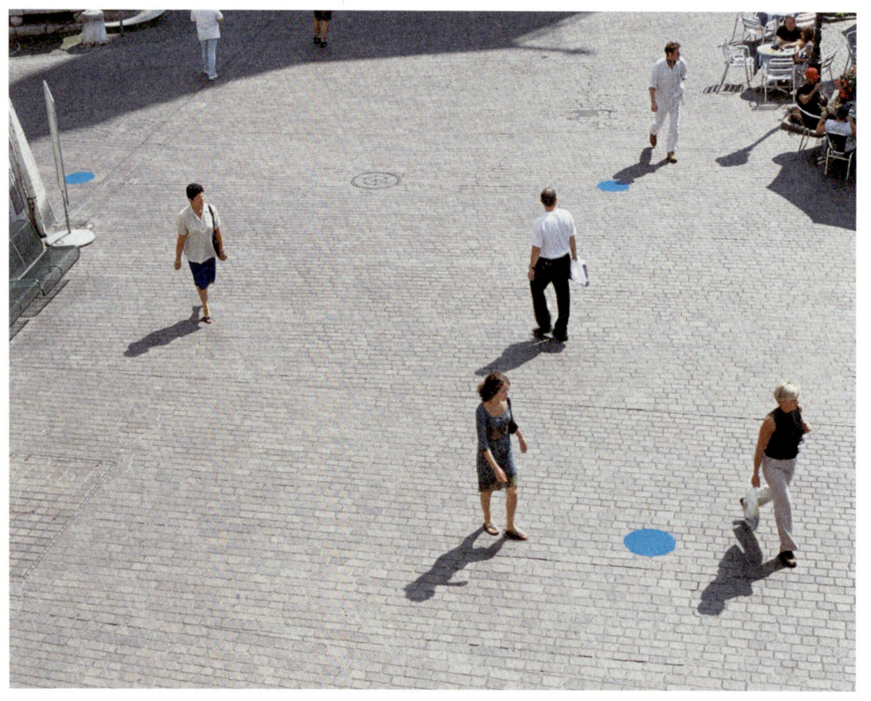

Standpunkte unterschiedlicher Sichtweisen, Innenstadt von Solothurn / Downtown Solothurn, Switzerland, 2002
28 Punkte im Durchmesser von 50 cm, Straßenmarkierung / 50 cm diameter blue dots, color for traffic signs

Stelle uns geläufiger Aufzeichnungstechniken treten könnte. Die durch die Berührung der Stäbe mit den an der Decke befestigten Papieren entstehenden (Auf-)Zeichnungen fassen den zeitlichen Verlauf der Aktionen zusammen und verräumlichen ihn auf der Fläche. Man kann das mit der fotografischen Aufzeichnung zeitlicher Verläufe durch Marey oder Gilbreth vergleichen, aber wir sehen keine separaten Bewegungsphasen oder kontinuierlich verfolgbare Linien, sondern eine vielschichtige Überlagerung. Die Linienknäuel stehen, wenn man sie mit Fotografien vergleicht, vielleicht den Langzeitbelichtungen beispielsweise von Michael Wesely näher. Bei Weselys Porträtfotos werden die Menschen in der Regel fünf Minuten lang aufgenommen; bei anderen Motiven – etwa den Bildern, die Wesely während der Bauzeit am Potsdamer Platz in Berlin machte – kann die Belichtungszeit bis zu zwei Jahre dauern. Wären die langen Belichtungszeiten der frühen Fotografie bis heute üblich, würden Langzeitfotos wie diejenigen Weselys als »normale« Abbildung der Welt angesehen. Analog könnte man das folgende Gedankenexperiment machen: Was wäre, wenn Stella Gepperts »Aufzeichnungen« eine kulturell verankerte Form der Informationsübermittlung und Dokumentation wären? Liegt die Tatsache, dass wir ihnen keinen direkten informativen Wert entnehmen können, vielleicht nur daran, dass wir es nicht gewohnt sind, sie zu lesen? Wir können die Wörter einer Sprache, die wir nicht sprechen, ja auch nicht verstehen und nehmen sie – fast wie ein Musikstück – bloß als Folge verschiedener Klänge und Töne wahr. Die Linienknäuel warten vielleicht nur darauf, ihnen produktive Lesarten zu entlocken. Die Künstlerin berichtet, ein theoretischer Biologe habe eine visuelle Ähnlichkeit entdeckt mit der Kommunikation menschlicher Zellen, mit zufälligen spontanen Bewegungen, für die der Mathematiker Karl Pearson den Begriff »random walks« eingeführt hat.

Dass ihre Darstellungsmethode zu irgendeiner wissenschaftlichen Verwertbarkeit führen könnte, ist jedoch nicht das

Interesse der Künstlerin. Ihr geht es um das Evozieren bewusster körperlicher Wahrnehmung, um die Herstellung räumlicher Beziehungen, um das Sichtbarmachen zwischenmenschlicher Verhältnisse, nur auf andere Weise, als es die Bildhauerkunst schon immer getan hat. Anders als ein Gemälde, eine Zeichnung und eine Fotografie bildet eine Skulptur keine eigene bildnerische Sphäre, sondern befindet sich im gleichen Raum wie die Betrachter*innen. Wenn man sich um eine Skulptur herum bewegt, entsteht gleichsam ein Gesamtsystem aus Skulptur, Betrachter*innen (bzw. Körper der oder des Betrachtenden) und der räumlichen Umgebung, das von Stella Geppert integral begriffen wird. Ihr Vorgehen ist auch mit der Choreografie eines Tanzes vergleichbar.

Dass von der physischen Anwesenheit der Betrachter*innen abstrahiert wird, ist auch ein Resultat des »White Cube«, des cleanen, neutralen Ausstellungsraums, in dem nach Brian O'Doherty die Rezipient*innen rein als Betrachter*innen konzipiert sind, nämlich nur als körperloses Auge. Dass aber Skulptur stets physische Präsenz und körperliche Reaktionen erzeugt, wird erst recht dann deutlich, wenn diese Präsenz konterkariert wird, etwa von Alberto Giacometti, dessen schmale Figuren wie schemenhaft aus der Distanz wahrgenommen scheinen. Und die aus schmalen Graten bestehenden, vor allem bei früheren Werken Giacomettis auftauchenden Rahmenkonstruktionen, etwa bei der 1932 entstandenen Tischskulptur *The Palace at 4 a.m.*, bilden eine ähnliche markierende Eingrenzung wie Stella Gepperts aus Metallstangen gebildete Konstruktionen.

Die physisch vorhandenen Rahmen, in denen Stella Geppert ihre Aktionen stattfinden lässt, sind auch ein Verweis auf soziale Rahmen, wie sie der Soziologe Erving Goffman analysierte.[7] Und es sind die sozialen Rahmen, die gesellschaftlichen Regeln der Kommunikation, die oft unbewusst auch körperliche Handlungen bestimmen, etwa wie nahe wir jemand anderem

7) Erving Goffman, *Rahmen-Analyse. Ein Versuch über die Organisation von Alltagserfahrungen*, Frankfurt am Main, 1980.

kommen, welche Position wir in einem Raum einnehmen etc., die im Zentrum von Stella Gepperts Interesse stehen, wenn sie »Kommunikation als bildhauerisches Ereignis« begreift. In diesem Sinne ist auch ihre folgende Formulierung zu verstehen: »Die Form navigiert sich innerhalb der Wogen des zuvor vorbereiteten Hafenbeckens selbst.« Dieses Navigieren betrifft die Herstellung einer modellierten Form und die Herstellung einer Kommunikationssituation. Zwischen beidem besteht für die Künstlerin kein grundlegender Unterschied.

Grundsätzlich möchte sie das Bewusstsein für eine nicht vom Auge bestimmte, oben und unten eingefasste Wahrnehmung verstärken und andere räumliche Beziehungen spürbar machen: »Mit der Nasenspitze modellieren, an den Hinterkopf denken.« Und letztlich nähert sich eine Kommunikationsbildhauerin auch Fragen, die das gesellschaftliche Ganze betreffen: Wie werden kollektive Räume sichtbar? Wie ist ein demokratischer Prozess ästhetisch darstellbar? Das gleichberechtigte Miteinander, zu dem sie unter ihre *Hieroglyphendecke* einlädt, sieht sie als Modellsituation für die Klärung solcher Fragen. Stella Geppert formuliert mit ihrer Kunst letztlich auch einen hohen Anspruch auf politische Wirksamkeit, der dem eines Joseph Beuys kaum nachsteht. ———

52–53: *Talk with Mariella Greil about Sculpture and Choreography*, June, 2018 while standing, 00:45 min, position: left STG, right MG, »Körperarbeit«, Kunsthalle der Sparkasse Leipzig (Detail / detail)

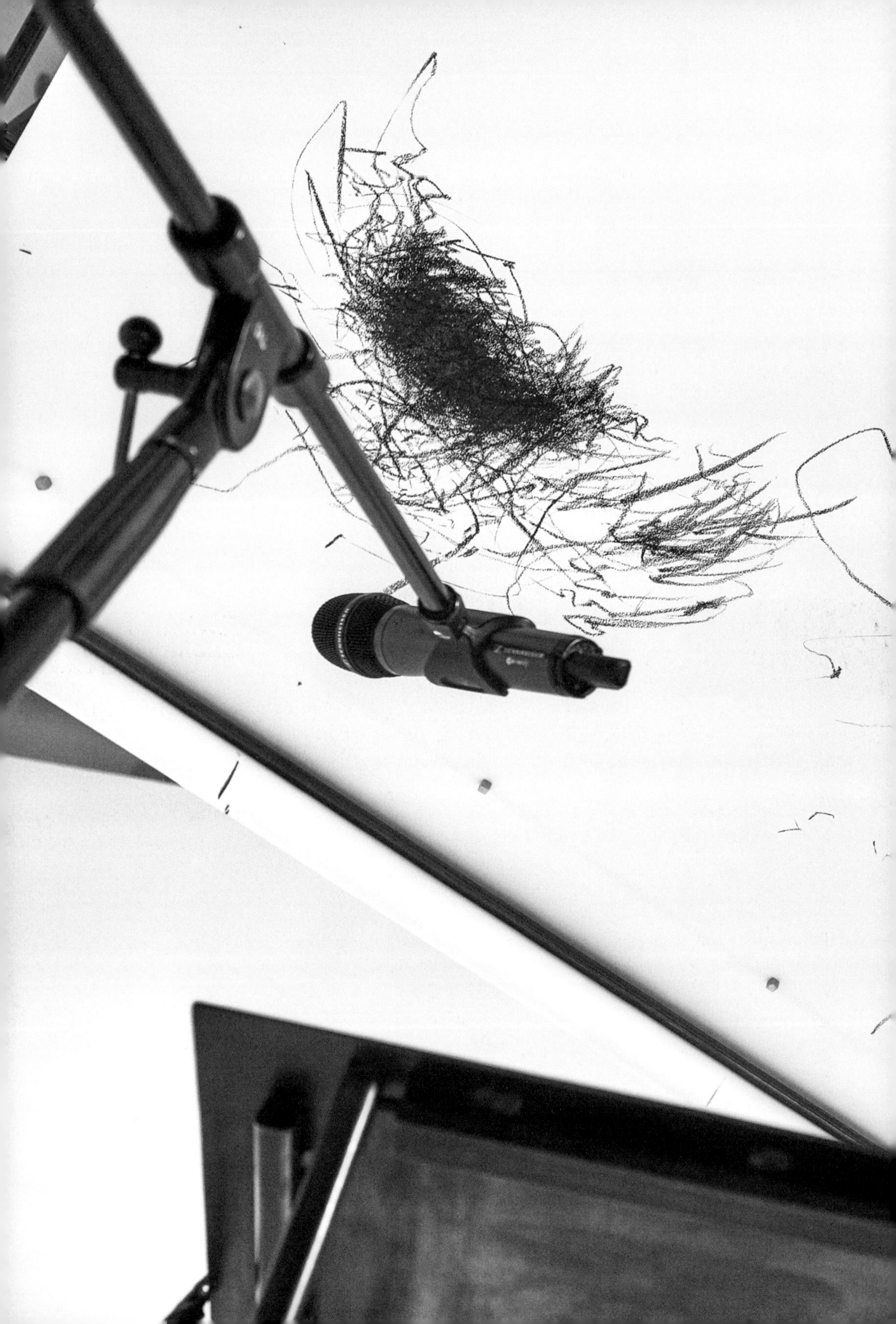

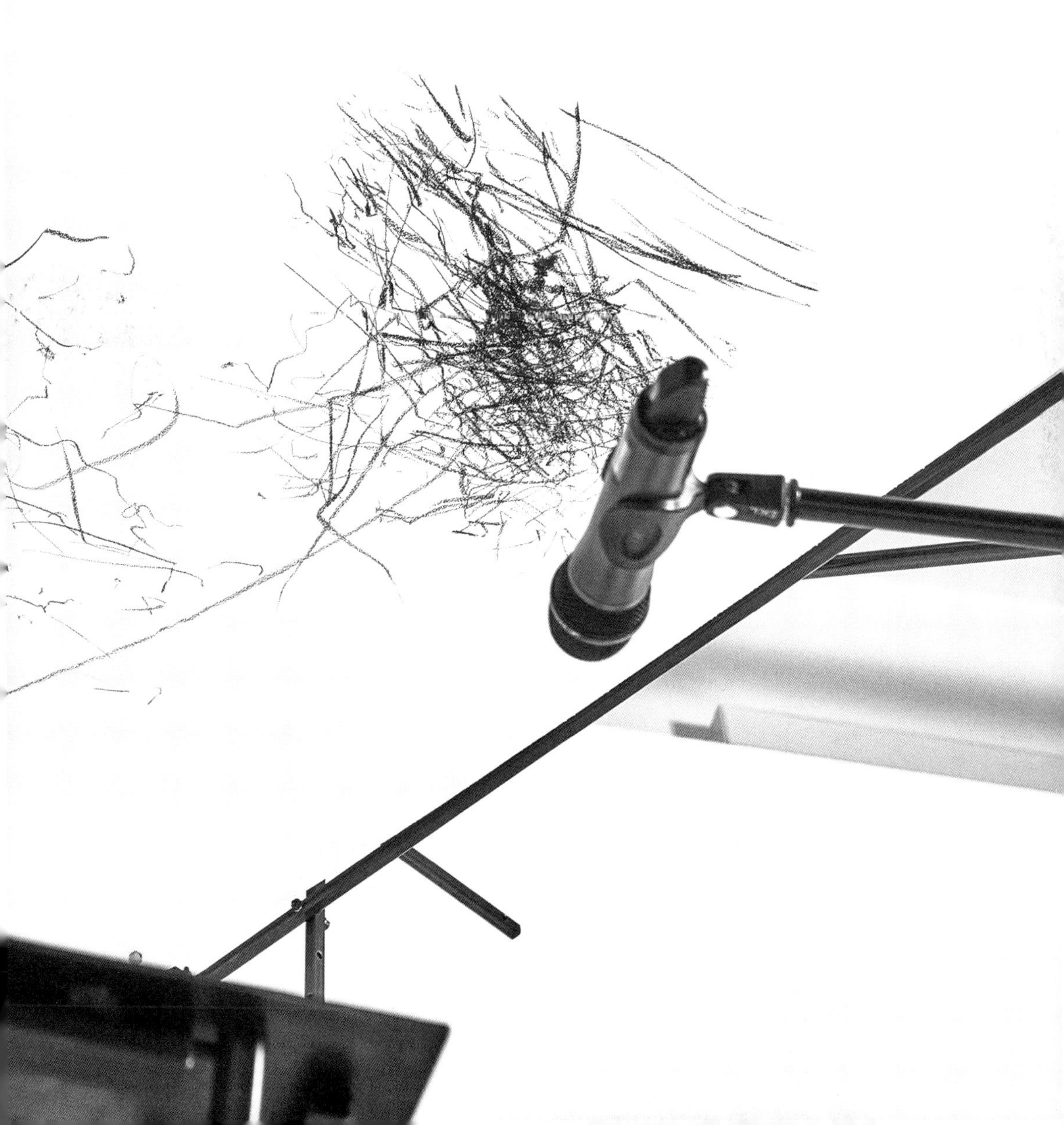

Cover, *Hieroglyphendecke*, 2015
9 (Studio Stella Geppert)
Metall, 300 cm × 210 × cm × 300 cm

2 *Reading Robert Morris Bemerkungen zur Skulptur – Zwölf Texte*, [Notes On Sculpture – Twelve Texts, 1965 – 2001), Berlin, 2016, while sitting on a chair in front of a table, charcoal on paper, 150 cm × 150 cm, code: R002

3–5 *Reading Henri Bergson Zeit und Freiheit / Kapitel 1–3*, [Essai sur les données immédiates de la conscience, 1889], [Time and free will: An essay on immediate data of consciousness], Berlin, December, 2014, while sitting on a sofa, charcoal on paper, 150 cm × 150 cm, code: R001/1–3

7 *Reading Marcel Duchamp Le Processus creatif,* April 1957 [The Creative Act], Berlin, April, 2016, while sitting, charcoal on paper, 150 cm × 150 cm, code: R003

11 *Talk with TT about Das Phänomen der Liebe*, [Phenomenon of Love], Berlin, March, 2014, while sitting on a sofa, 00:45 min, position: left TT, right STG, charcoal on paper, 150 cm × 150 cm, code: T001

13 *Talk with NB about Digital Networking*, Berlin, October, 2014, while sitting on a sofa, NB is looking at his laptop (from time to time), 00:40 min, position: left StG, right NB, charcoal on paper, 150 cm × 150 cm, code: T007

15 *Talk with FR about Relationships and Living in Happiness together*, Berlin, July, 2014, while sitting on a sofa, 00:40 min, position: left FR, right StG, charcoal on paper, 150 cm × 150 cm, code: T005

16 *Talk with PhG about Friendship, Family and High Confidence*, Berlin, May 2015, while standing, 00:45 min, position: left PhG, right StG, charcoal on paper, 150 cm × 175 cm, code: T014

17 *Talk with KG about Making Art while Coming Together: It is Nice to See You*, while sitting on chairs, Berlin, August, 2016, 00:45 min, position: left STG, right KG, charcoal on paper, 150 cm × 180 cm, code: T017

19 *Talk with LB* (Sprechstunde) [Consultation] *about Wesenszüge von künstlerischen und politischen Handlungen*, [Traits of artistic and political Actions], Halle,

May, 2015, while standing, 00:50 min, position: left StG, right LB, charcoal on paper, 150 cm × 130 cm, code: T015

21 *Talk with GM about Das gemeinsame Liegen am Strand*, [Lying on the Beach Together], Berlin, March, 2014, while sitting on a sofa, 00:45 min, position: left StG, right GM, charcoal on paper, 150 cm × 150 cm, code: T003

23 *Talk with SW about Inner and Outer Relationships*, Berlin, August, 2016, while sitting on chairs, 00:60 min, position: top SW, right STG, charcoal on paper, 150 cm × 150 cm, code: T024

106 *Series of Activities with Four*
–107 *People: Dancing – Talking – Eating*, Halle – Berlin, 2015 – 2016 30 min / 45 min / 90 min, charcoal on paper, 190-195 cm × 150 cm, code: D001/ T016 / E001

109 *Dancing with LB, MR and NN*, Halle, June, 2015, 00:50 min, while changing positions, charcoal on paper, 195 cm × 150 cm, code: D001

110 *Talk with ASCH, MSCH and SK about Das Ausschlussverfahren bei Festbanketten: ein Fest für alle?*, [The Exclusion Procedure for Banquets: a Feast for All?], Halle, May, 2015, while standing, 00:30 min, position: top left ASCH, bottom left MSCH, top right StG, bottom right SK, charcoal on paper, 190 cm × 150 cm , code: T016

111 *Eating together with KM, JG, JR*, Berlin, May, 2016, while sitting, 90:00 min, position: top left KM, left bottom JR, top right JG, right bottom StG, charcoal on paper, 150 cm × 180 cm, code: E001

113 *Talk with FR, MM about The Best Song We Ever Heard**, Berlin, April, 2015, while standing, 00:45 min, position: top left FR, bottom left StG, right MM, charcoal on paper, 190 cm × 150 cm, code: T010
*after the talk, unknown people run through

115 *Talk with PF, KE about The Best Song We Ever Heard**, Berlin, April, 2015, while standing, 00:45 min, position: left StG, middle KE, right PF, charcoal on paper, 190 cm × 150 cm, code: T011
*after the talk, an unknown person runs through

117 *Talk with SSM and LM about Apollo 3*, Berlin, May, 2015, 00:40 min, while standing and changing positions, charcoal on paper, 190 cm × 150 cm, code: T013

119 *Talk with my class* (Klassenplenum) [class plenum] about *Aktivitäten der Woche*, [Activities of the Week], Halle, June, 2015, 00:45 min, while standing and some are changing positions, charcoal on paper, 300 cm × 200 cm, code: T020

121 *Talk with MB, WL, JV, LS, NL, RvD about What Would You Like to Be in Ten Years*? Berlin, 2016, 00:45 min, while sitting, charcoal on paper, 300 cm × 200 cm, code: T025

123 *Athens Conversations about Democracy and Identity. Nationality Does Not Exist*, with PD, EF, IK, DP, State of Concept, Athens, 2016, 90 min, while sitting, canvas, 300 cm × 200 cm, code: C001

128 *Reading Simone Forti Handbook in Motion*, 1974, Leipzig, 2018, 360 min, while standing, changing positions in and out, charcoal on paper, 150 cm × 180 cm, code: R005

Danksagung:
Mein besonderer Dank gilt allen Gesprächspartner*innen, deren flüchtige Kopfbewegungen sich hier nun in diesen Zeichnungen niederschlagen. Danke an Thea, Gabi, Karin, Jörg, Julia, Stefanie, Felix, Philipp, Jörg, Norbert, Saskia, Klaus, Felicitas, Magdalena, Lea, Mariella, Ludwig, Johann, Janine, Bart und Raik, Anette, Pius, Knut, Ingo, Sara und Lena, den Studierenden meiner Klasse und all denen, die sich auf Themen von mir eingelassen haben. Für die direkte und indirekte Unterstützung meiner künstlerischen Arbeit danke ich allen Performer*innen und »Movement Lovers« und ganz besonders Jan, Christian und Tina Maria. Für die Unermüdlichkeit meiner künstlerischen Arbeit zufolgen danke ich meiner Familie.

Acknowledgements:
My special thanks go to all the interlocutors whose fleeting head movements are now reflected here in these drawings. Thank you to Thea, Gabi, Karin, Jörg, Julia, Stefanie, Felix, Philipp, Jörg, Norbert, Saskia, Klaus, Felicitas, Magdalena, Lea, Mariella, Ludwig, Johann, Janine, Bart und Raik, Anette, Pius, Knut, Ingo, Sara und Lena, the students of my class and all those who got involved with my topics. For the direct and indirect support of my artistic work, I thank all performers and "movement lovers" and especially Jan, Christian and Tina Maria. For the tirelessness to follow my artistic work, I thank my family.

Impressum / Colophon

Konzeption / Concept:
Stella Geppert

Gestaltung / Design:
Christoph Steinegger /
INTERKOOL

Texte / Texts:
Maren Butte,
Ludwig Seyfarth

Redaktion / Editing:
Charlotte Silbermann

Übersetzung / Translation:
Kathleen Heil

Lektorat / Copy Editing:
Holger Metz,
Charlotte Silbermann,
William Simpson (E)

Fotonachweis / Photo Credits:
Thomas Bruns (Cover,
S. / pp. 1–22, 47, 59–64, 70,
81–82, 89–122, 127)
Stella Geppert (S. / pp. 25,
41, 49, 70, 71, 74, 81, 92)
Tim Nowitzki (S. / pp. 27,
44, 53, 54, 123–126)
Niels Fabæk / Kunsthal NORD
(S. / p. 87)

Druck / Printing:
druckhaus köthen
GmbH & Co. KG, Köthen

© 2019 Stella Geppert, VG Bild-Kunst, Bonn; die Autor*innen / the authors und / and DISTANZ Verlag GmbH, Berlin

Vertrieb / Distribution:
edel Germany GmbH
www.edel.com
international-books@edel.com

ISBN 978-3-95476-287-3

Printed in Germany

Erschienen im / Published by
DISTANZ Verlag
www.distanz.de

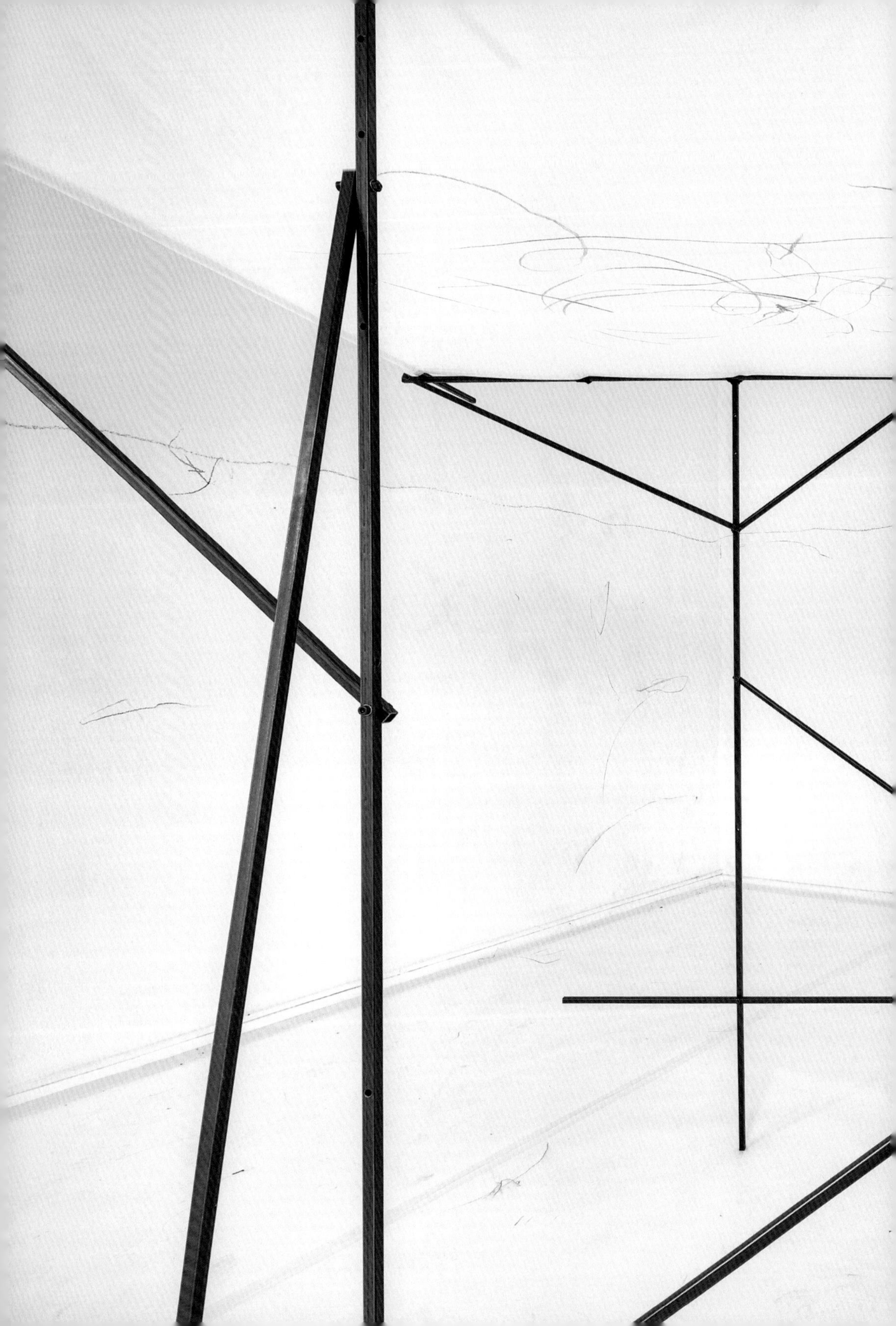

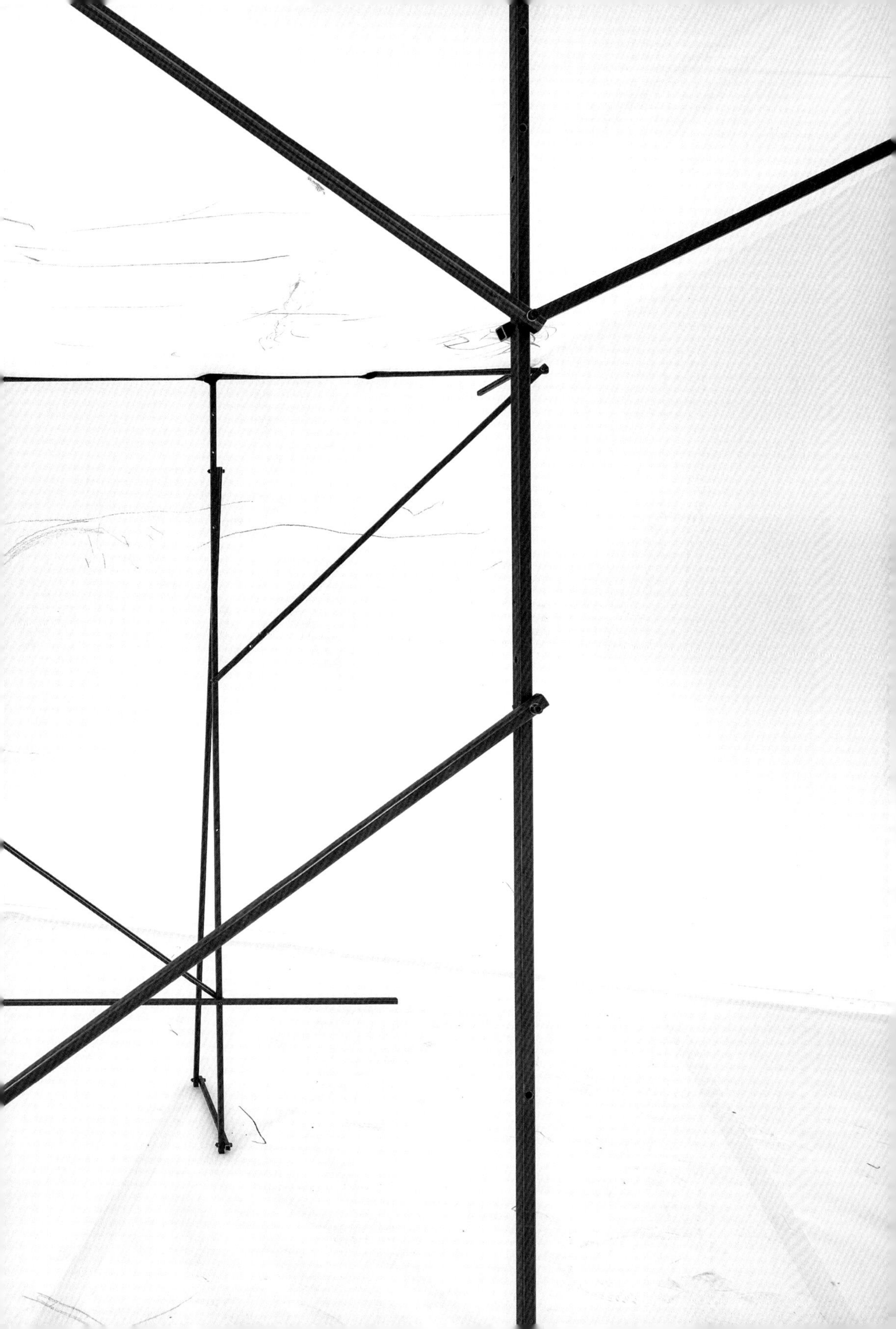

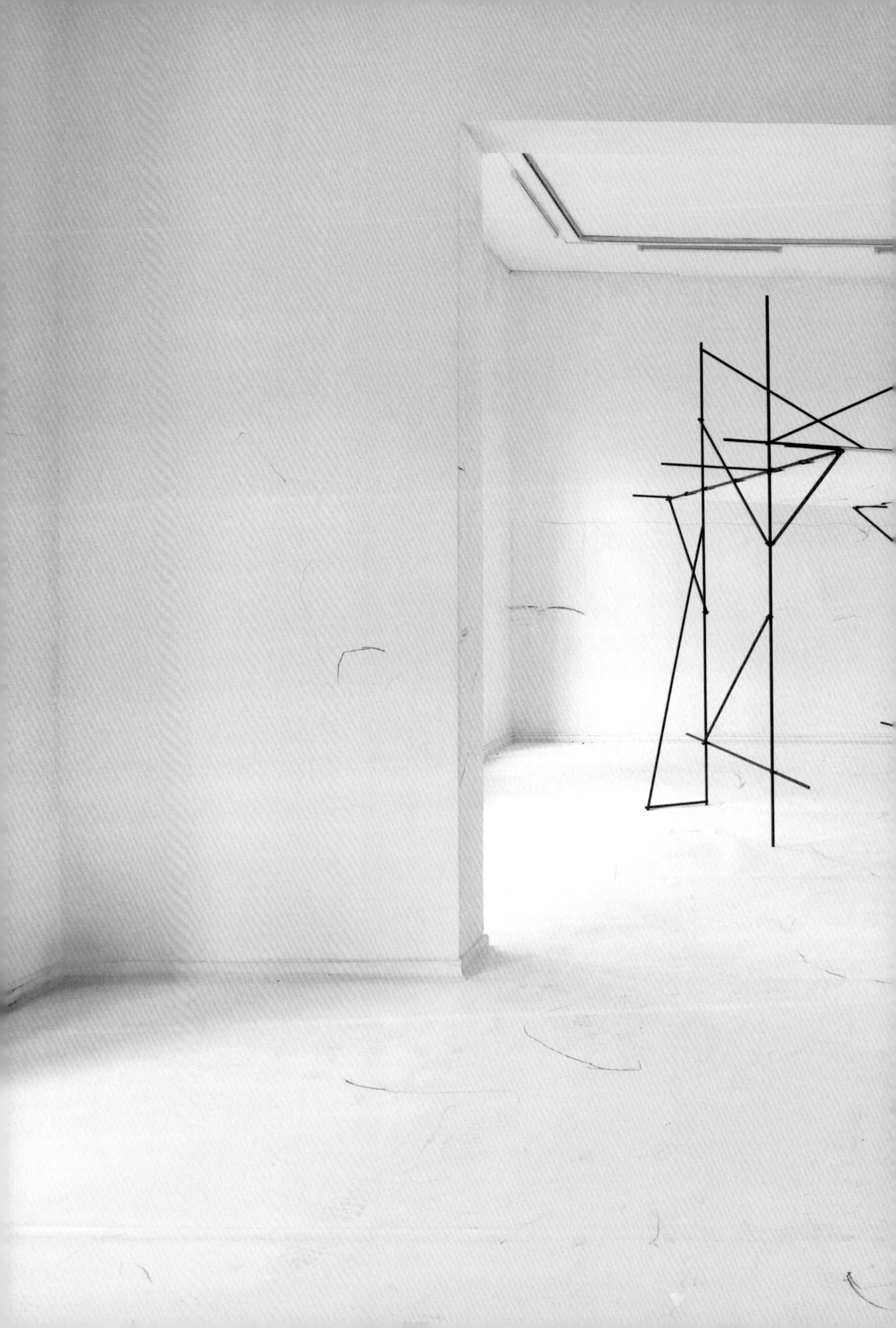

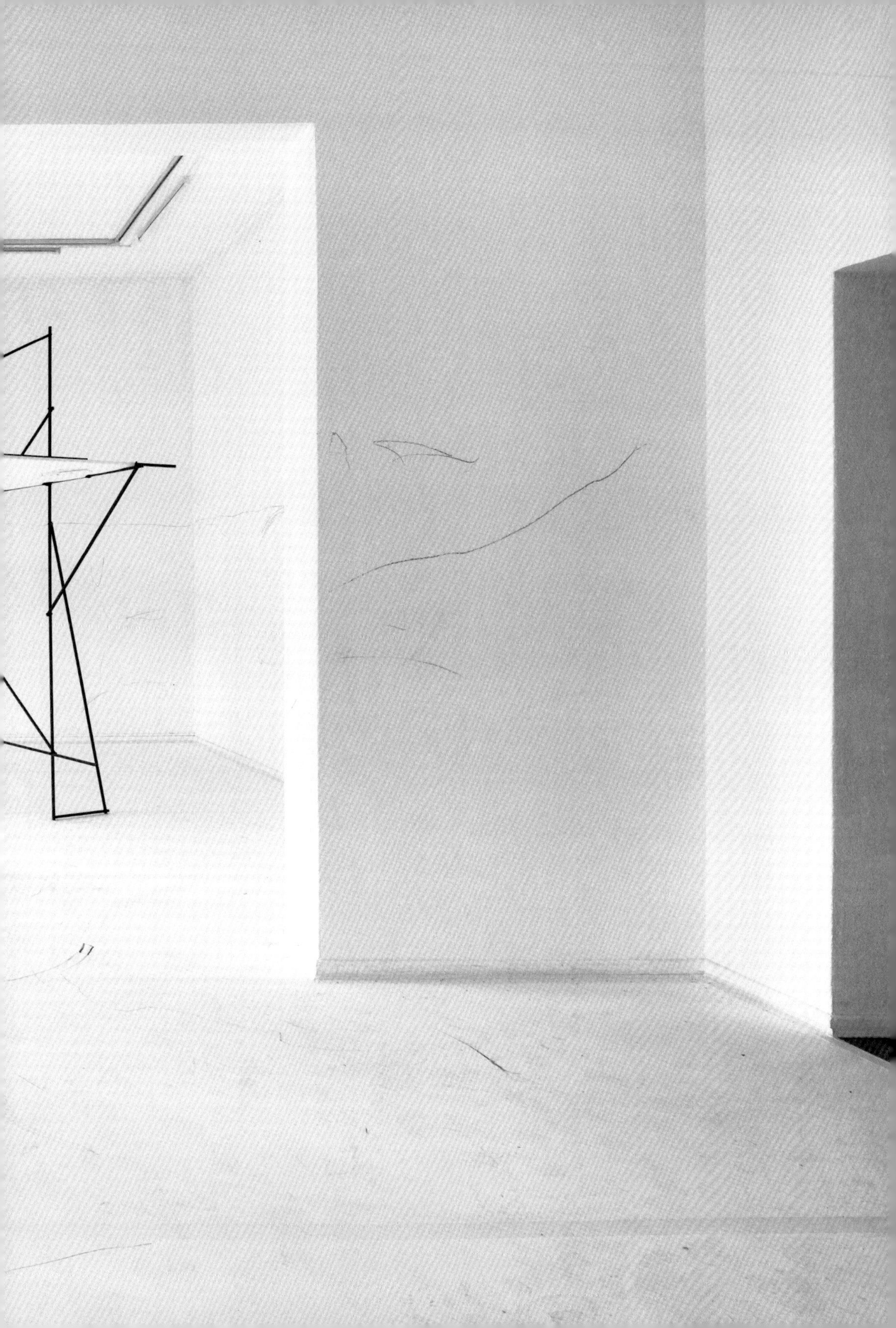

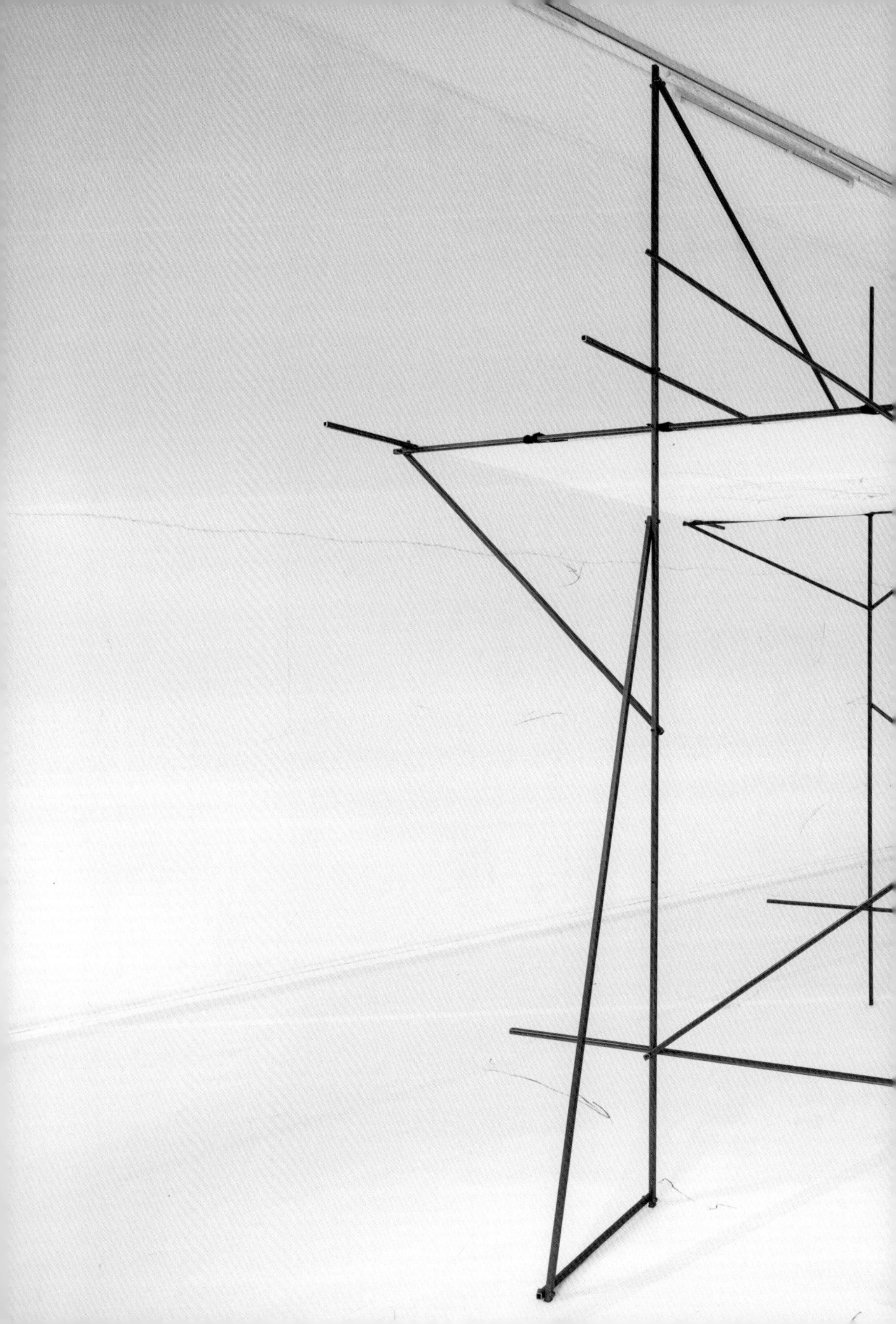

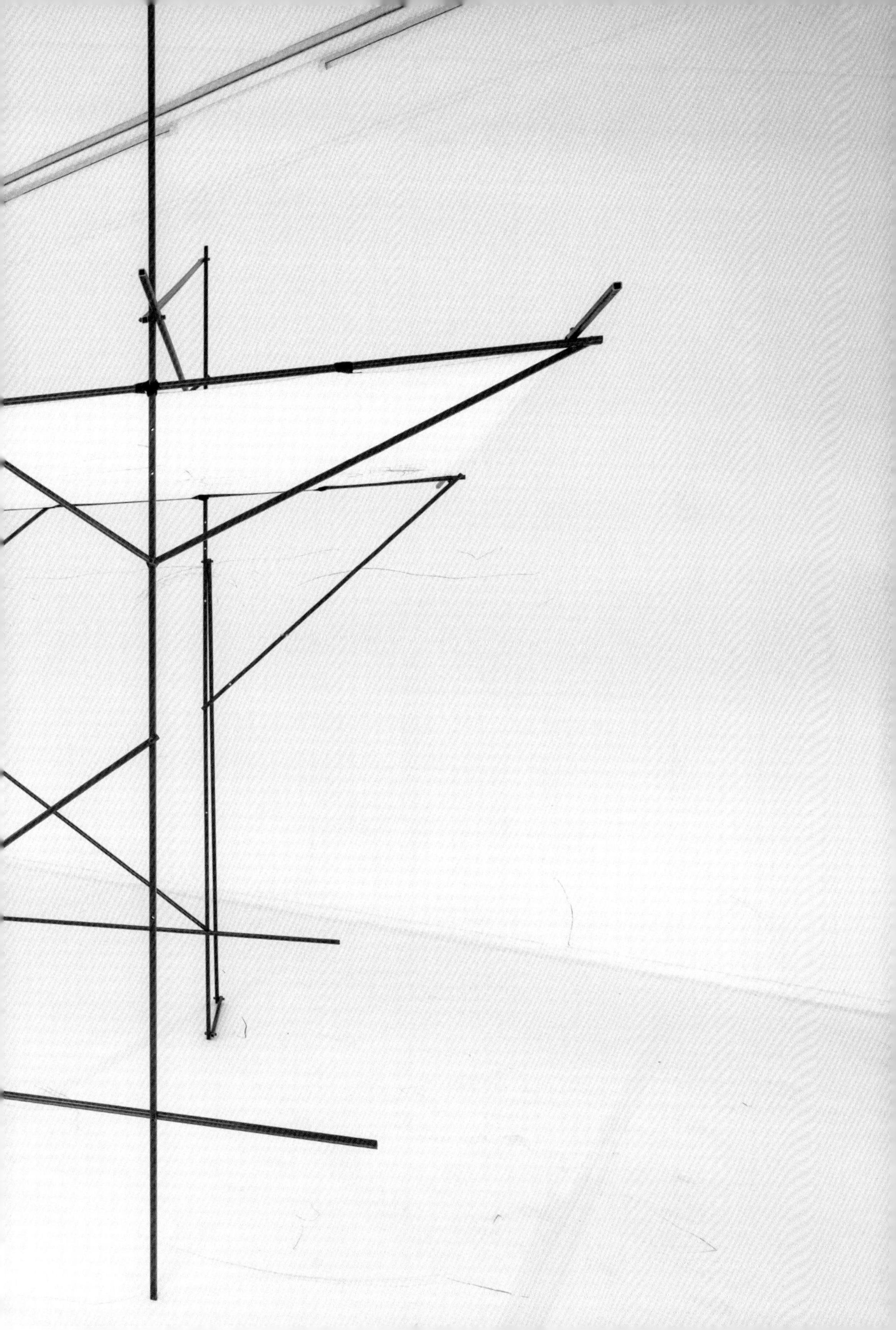

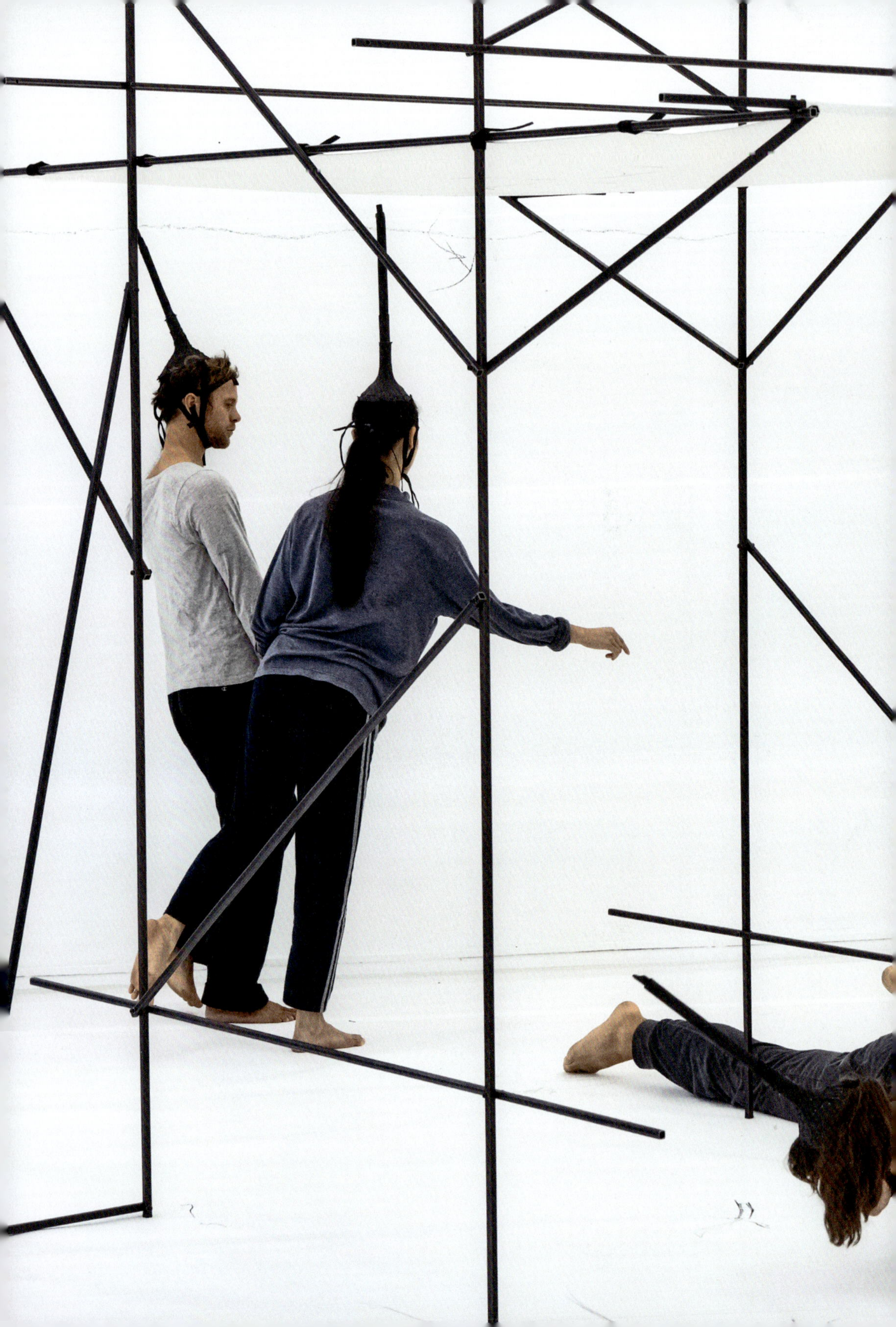

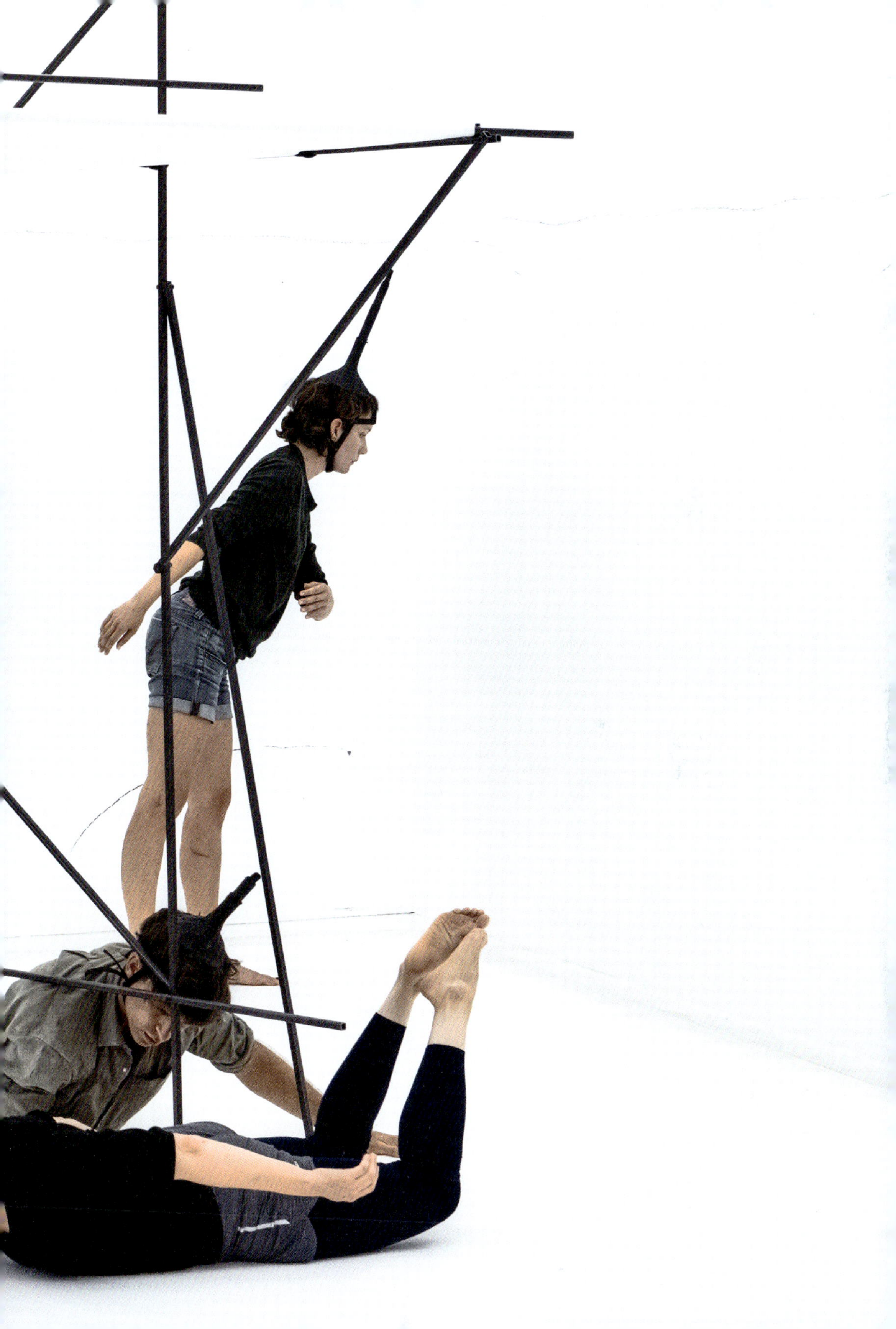

64–65, 68–69, 76–77: *Ten Scores for a Sculpture*, 45:00 min (short version), Concept / Sculpture: Stella Geppert / Improvisation with Jan Burkhardt, Lukas Geschwind, Stella Geppert, Kathleen Heil, Michelle Lui and Hilla Steinert, »Trajectories#01, New Drawing Embodiments, Performance Night on Drawing and Choreography«, Haus am Lützowplatz, Berlin, 2017

Bewegungskonstellationen

Ten Scores for a Sculpture als choreographische Skulptur

von Maren Butte

The score is within all of us:
it is the ensemble of breathings, pulsations,
emotive discharges or mass displacements which are focused on our bodies.
It is the geography of the influxes diffused around us by the imaginary vision of space,
it is the quality of the relations that we can have with the objective givens of the real
—the very givens that movement sculpts, embraces of or disperses
according to its own axes of intensity.[1]

Laurence Louppe

Die Arbeit von Stella Geppert trägt den Titel *Ten Scores for a Sculpture* (S. 58–65, 68–69, 76–77, 82–83) und ist deutlicher als ihre vorigen Arbeiten eine choreographische. Mit Referenz zum minimalistischen Postmodern Dance und zu *task*- und *score*-basierten Verfahren zeigte die Künstlerin im August 2017 im Haus am Lützowplatz in Berlin eine circa vierzigminütige, bewegungsbasierte Arbeit mit sechs Performer*innen, in der sich bildhauerische und choreographische Prozesse entgrenzten.[2] Performance wurde hier als bildhauerischer und zeichnerischer Akt erprobt und umgekehrt.

Die Arbeit hatte Geppert zusammen mit dem Choreographen Jan Burkhardt[3] und den vier Tänzer*innen Lukas Geschwind, Kathleen Heil, Michelle Lui und Hilla Steinert entwickelt. Das Ergebnis war eine flüchtige, sich ständig transformierende Raumskulptur aus Körpern, Linien und Materialien in Bewegung. Im Folgenden soll es um diese Entgrenzung bildhauerischer und choreographischer Praktiken gehen.

1) Laurence Louppe: *Traces of Dance. Drawings and Notations by Choreographers*. Paris: DisVoir 1994, S. 16.

2) Die Performance fand im Rahmen der Ausstellung *Trajectories – New Drawing Embodiments* zusammen mit Nikolaus Gansterer und Morgan O'Hara statt, kuratiert von Nicole Wendel und Jan-Philipp Frühsorge.

3) Jan Burkhardt ist Tänzer, Choreograph, Musiker und Laban-Bartenieff-Bewegungsanalytiker. Er forscht zu zeitgenössischen Tanztechniken und Improvisation, Contact-Improvisation sowie Body-Mind-Centering und kooperierte u. a. mit Laurent Chétouane, Sebastian Matthias, Martin Nachbar und Cecilia Ross.

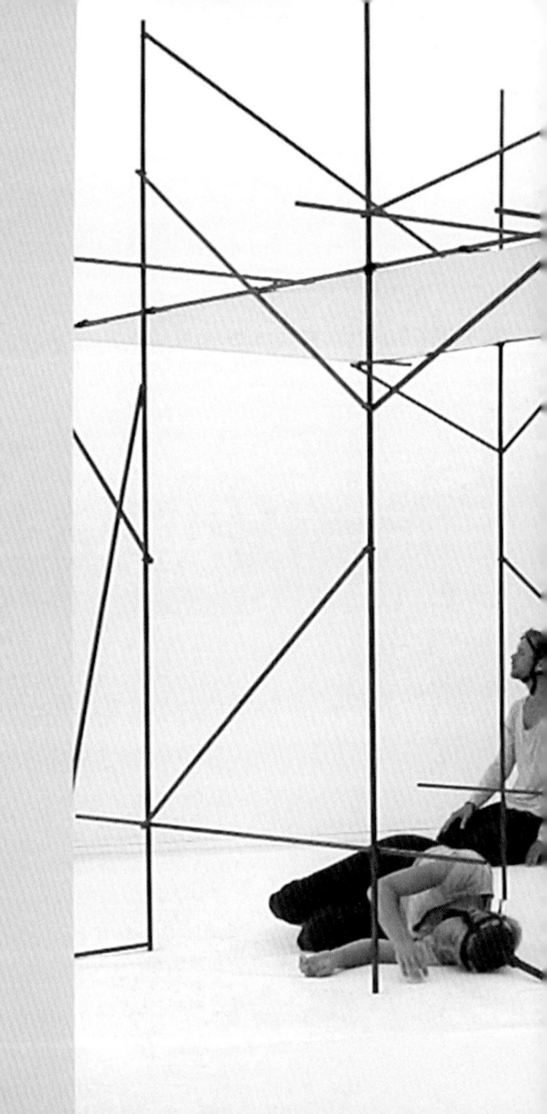

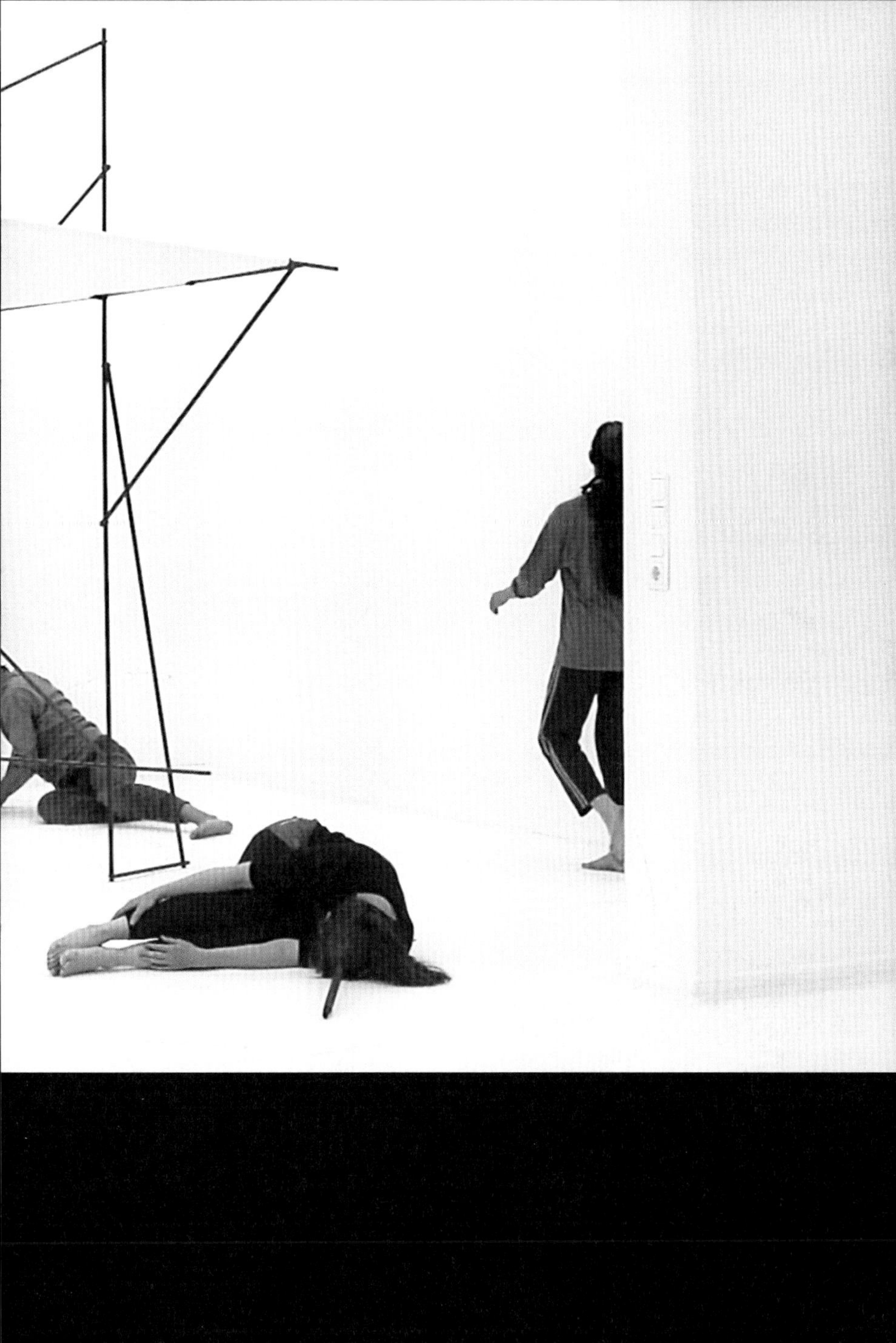

Bereits in früheren Arbeiten interessierte sich die Künstlerin für die raumerzeugende Performativität von Handlungen und choreographische Praktiken. Ihre Arbeiten changierten zwischen Skulptur, Performance und sozialer Praxis. Sie erschienen oft als experimentelle Versuchsanordnungen und Feldforschungen im Raum. In ihren Werken *Parasitäre Verhältniss*e und *Standpunkte unterschiedlicher Sichtweisen* (beide 2002, S. 48)[4] erforschte sie zunächst ihre Umgebung und transformierte sie dann durch diskrete Eingriffe. Konkret griff die Künstlerin in die habitualisierten Raumwege ein, indem in der U-Bahnstation am Berliner Alexanderplatz Polster für Passant*innen an Geländer angebracht wurden, was die Blickordnungen und Funktionen der Raumsituation veränderte. Dies kann als ein »poetic act of resistance« verstanden werden. Dieses Vorgehen zeigte auch Gepperts Arbeit *Without Here – Without There* (2008, S. 71), die einen Raum und das *objet trouvé* eines Fahrrads auf neue Weise konstellierte. Ebenso die Arbeit *Cross-Links* (2011, S. 71), in der vorhandene Öffnungen und Löcher im öffentlichen Innen- und Außenraum mit einem roten Seil verbunden wurden, sodass sich über die Sichtbarmachung von Öffnungen andere Konstellationen, (Blick-)Achsen und Erfahrungsräume ergaben. Damit sensibilisierte Geppert oftmals für die bestehenden (Macht-)Verhältnisse und machte auf die Veränderbarkeit von Situationen aufmerksam.[5]

Ein typisches künstlerisches Verfahren Stella Gepperts ist das Gehen im öffentlichen Raum. In seiner Schrift *Kunst des Handelns* charakterisiert der französische Philosoph Michel de Certeau Gehen als performativen Akt; das Gehen, Wege und Linien stellen Räume erst her.[6] Seine Raumtheorie beschreibt, ähnlich wie die von Henri Lefebvre, eine Spannung zwischen einem hegemonialen, disziplinierten und administrativen Raum und der subversiven, kinästhetischen Aneignung durch

4) Vgl. http://www.stella-geppert.de/works/parasitre-verhltnisse-und-dialoge [Zugriff am 6.8.2018].

5/6) Michel de Certeau: »Praktiken im Raum«, in: ders.: *Kunst des Handelns*, Berlin: Merve 1988, S. 179–238, hier: S. 186–187 und 217–226. Vgl. auch die ethnographischen Studien zum Gehen von Tim Ingold und Jo Lee Vergunst (Hg.): *Ways of Walking. Ethnography and Practice on Foot*. London/New York: Routledge 2016; Tim Ingold: *The Life of Lines*. London/New York: Routledge 2015.

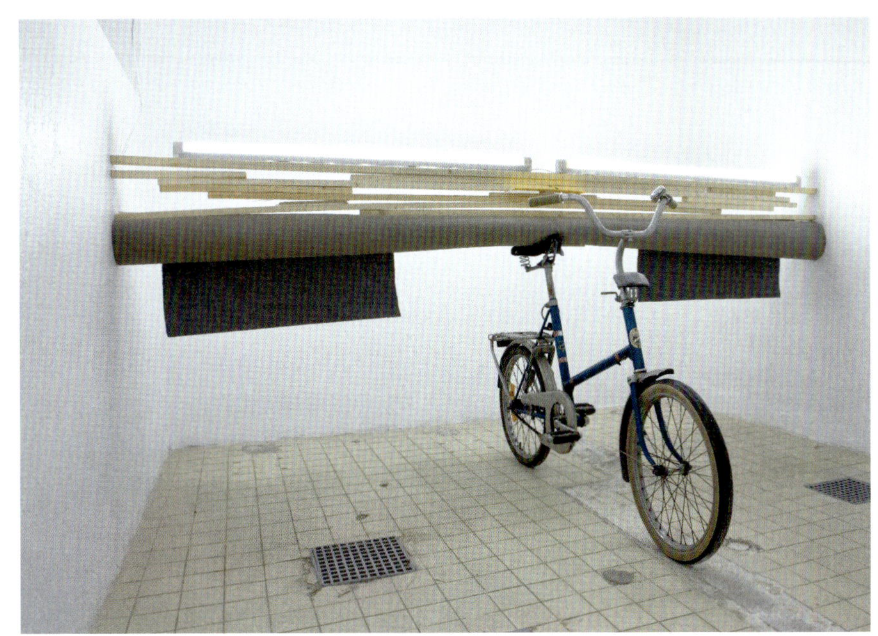

Without Here – Without There, Unter Drunter, Malmö, 2008
Fahrrad des Kurators, Neonröhren und Teppich der Galerie, Latten der vorherigen Ausstellung, Schild »Blockieren verboten« / Bicycle from the curator, carpet and lamps from the gallery, wooden bars from previous exhibitions, prohibition sign reading “Blockage forbidden”

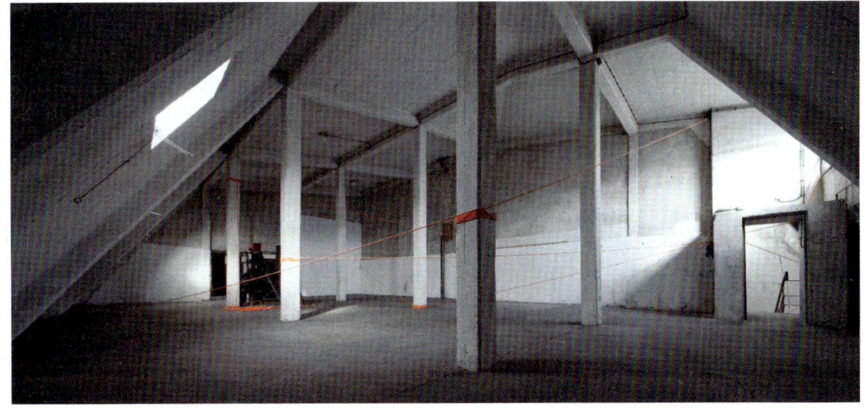

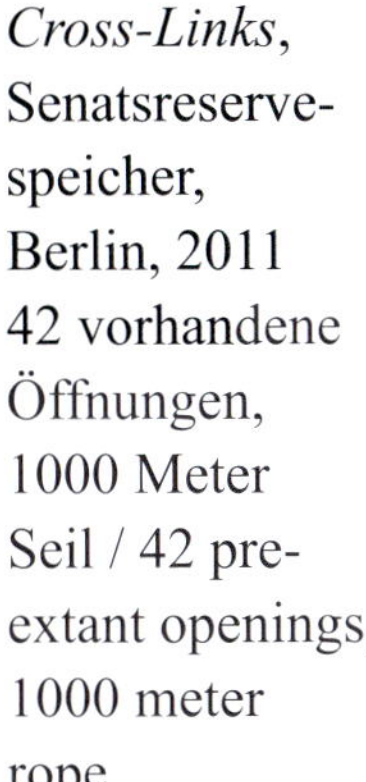

Cross-Links, Senatsreservespeicher, Berlin, 2011
42 vorhandene Öffnungen, 1000 Meter Seil / 42 pre-extant openings, 1000 meter rope

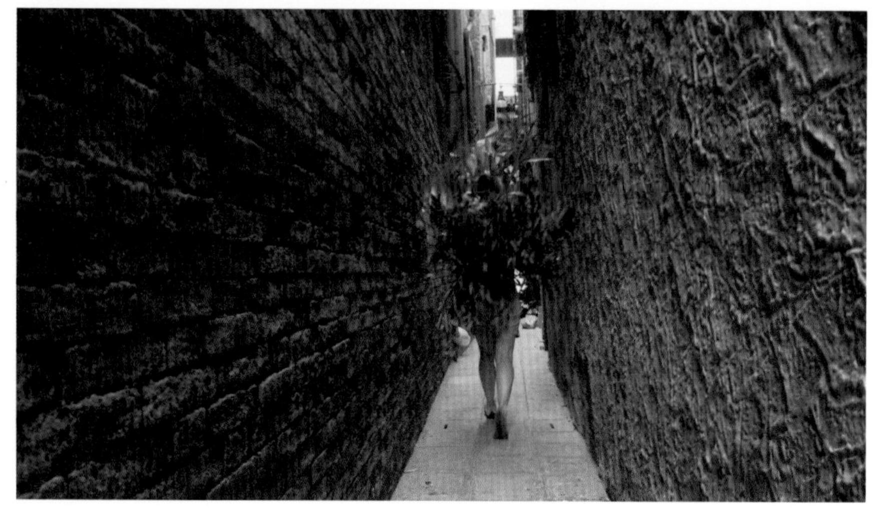

Arbusti, Moving Studies & Homeopathic Interventions, Venice, Centro Tedesco di Studi Veneziani, 2014
Full HD, 10 min (film still)
Performance: Stella Geppert, Zweige, Kabelbänder / branches, cable clip

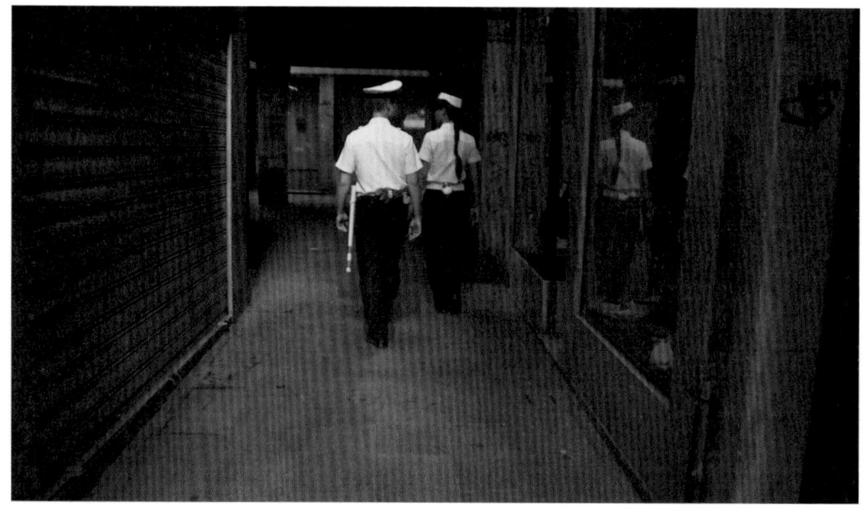

Buongiorno – You Are Welcome! Moving Studies#01, Venice, Centro Tedesco di Studi Veneziani, 2014
Full HD, 14 min (film still)
Support: Direzione Polizia Municipale del Comune di Venezia and Giorgia Cavagnin, Marco Romanello

taktisches Gehen.[7] In Gepperts Arbeiten führt diese Praxis des Gehens zu einem erweiterten Skulpturbegriff. Der Film zur Performance *Arbusti* (2014, S. 72) bspw. zeigt eine Figur zwischen Mensch und Pflanze, die durch die Straßen Venedigs streift und dabei die Umgebung je neu als Zwischenraum von Natur und Kultur auffaltet; *Buongiorno – You Are Welcome!* (2015, S. 72) verfolgt zwei venezianische Polizist*innen auf ihrer Streife durch die Stadt und entgrenzt Kunst und (Arbeits-)Alltag. Die Arbeiten zeigen, dass Räume nie fixierte Ausdehnungen oder Behälter sind, sondern sich erst im sozialen, kollektiven Vollzug ergeben: Sie entstehen mit den Handlungen. Sie lassen sich daher auch durchkreuzen und transformieren – in eine flüchtige Skulptur, die von Machtordnungen und funktionalen Zusammenhängen befreit ist; oder sich zumindest von ihnen distanziert, indem sie ironisiert und verfremdet.

7) Vgl. ebd., S. 225.

Verkörpertes Zeichnen und Linien(wissen)

In der Ideen- und Diskursgeschichte ruft Zeichnen ein Hand-Auge-Verhältnis auf und ist in unserer Kultur auf bestimmte Weise mit Wahrnehmungs-, Rezeptions-, Denk- und Produktionsprozessen verbunden. Zeichnen ist skizzenhaft, oft den Produkten vorgelagert; es ist von vielfacher Übertragung zwischen Denken, Sehen und Schreiben gekennzeichnet.[8] In ihrer kulturwissenschaftlichen Studie zur Linie beschreibt Sabine Mainberger diese unterschwelligen Implikationen des Zeichnens am Beispiel der »Linienfaszination« im 19. und frühen 20. Jahrhundert, die die Dynamik, Serialität und Entgrenzung von Kunst und Leben feierte.[9] Dieses Bewegungsarchiv der Linie scheint in den Arbeiten von Stella Geppert nachzuwirken, die das Kritzeln, Krakeln, Berühren in ein neues, verkörpertes Zeichnen transformiert.

8) Gilles Deleuze und Félix Guattari: *Rhizom*. Berlin: Merve 1976.

9) Sabine Mainberger: *Experiment Linie. Künste und ihre Wissenschaften um 1900*. Berlin: Kadmos 2010.

Ten Scores for a Sculpture oszilliert zwischen Skulptur, Installation und Choreographie. Im *white cube* des Hauses am Lützowplatz installierte Stella Geppert ein konstruktivistisch anmutendes Gerüst aus schwarzen und unregelmäßig angeordneten Stangen; groß genug, um darin zu stehen. Eine Leinwand als Decke schloss es nach oben hin ab. Dieses Gebilde prägte den Raumeindruck; aus der Ferne konnte man meinen, die zarten Stangen seien Zeichnungen an den Wänden der Galerie. Diese *Hieroglyphendecke*, wie die Künstlerin die Konstruktion nennt, war bereits in anderen Arbeiten im Einsatz: Unter ihr sitzend hatte Stella Geppert in der Reihe der *Conversations* seit 2015 Gespräche mit Gästen geführt, je fünfundvierzig Minuten lang; und sie hatte unter ihr kunsttheoretische und philosophische Texte gelesen, unter anderem von Robert Morris, Marcel Duchamp, Henri Bergson und zuletzt *Handbook in Motion* von Simone Forti. Die Beteiligten trugen stets eigens dafür hergestellte Kopfkonstruktionen aus Silikon, eine Art Extension aus einem senkrecht auf dem Kopf stehenden Papierrohr, sogenannte *Headsets*, an deren äußerstem Ende Kohlestifte befestigt waren, die die Papierdecke berührten. So entstanden Bewegungsnotationen – geheimnisvolle Hieroglyphen – auf der weißen Leinwand.[10] Bereits 2009 in *Ohne es zu merken* hatte Stella Geppert einen überdimensionierten Besen mit einem Kohlestift präpariert und die Bewegung des Bodenkehrens durch die Berührung an der Decke eines Ausstellungsraums dokumentiert.

10) Interview der Verfasserin mit der Künstlerin am 20.11.17 im Atelier, Berlin.

In der Performance *Ten Scores for a Sculpture* bildete die Skulptur *Hieroglyphendecke* Setting, Objekt und Akteur zugleich. Sechs Performer*innen traten in ihr auf und mit ihr in Verbindung. Sie trugen Alltags- und Trainingskleider sowie das *Headset* mit Kohlestift. Die Prothesen oder Verlängerungen des Körpers waren der jeweiligen Körpergröße angepasst und brachten alle auf die gleiche Höhe, auf eine »Wasserlinie«.[11]

11) Stella Geppert im Interview.

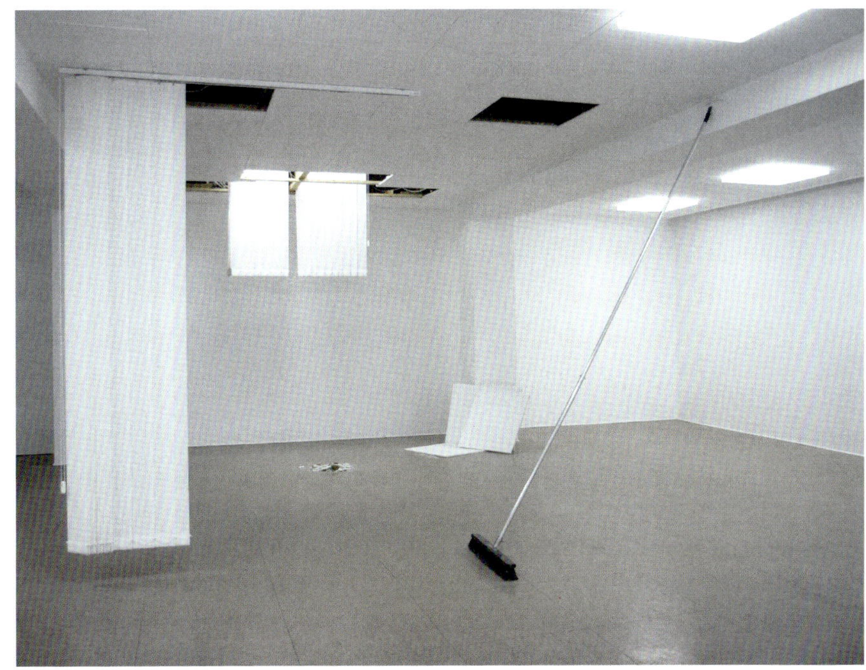

Unabhängig von der Lage – Ohne es zu merken, Cuxhavener Kunstverein, 2009
Materialien der Galerie, Besen mit Graphitkohle am Ende der Besenstange / Materials from the gallery, Broom with graphite coal at thc cnd of the broomstick

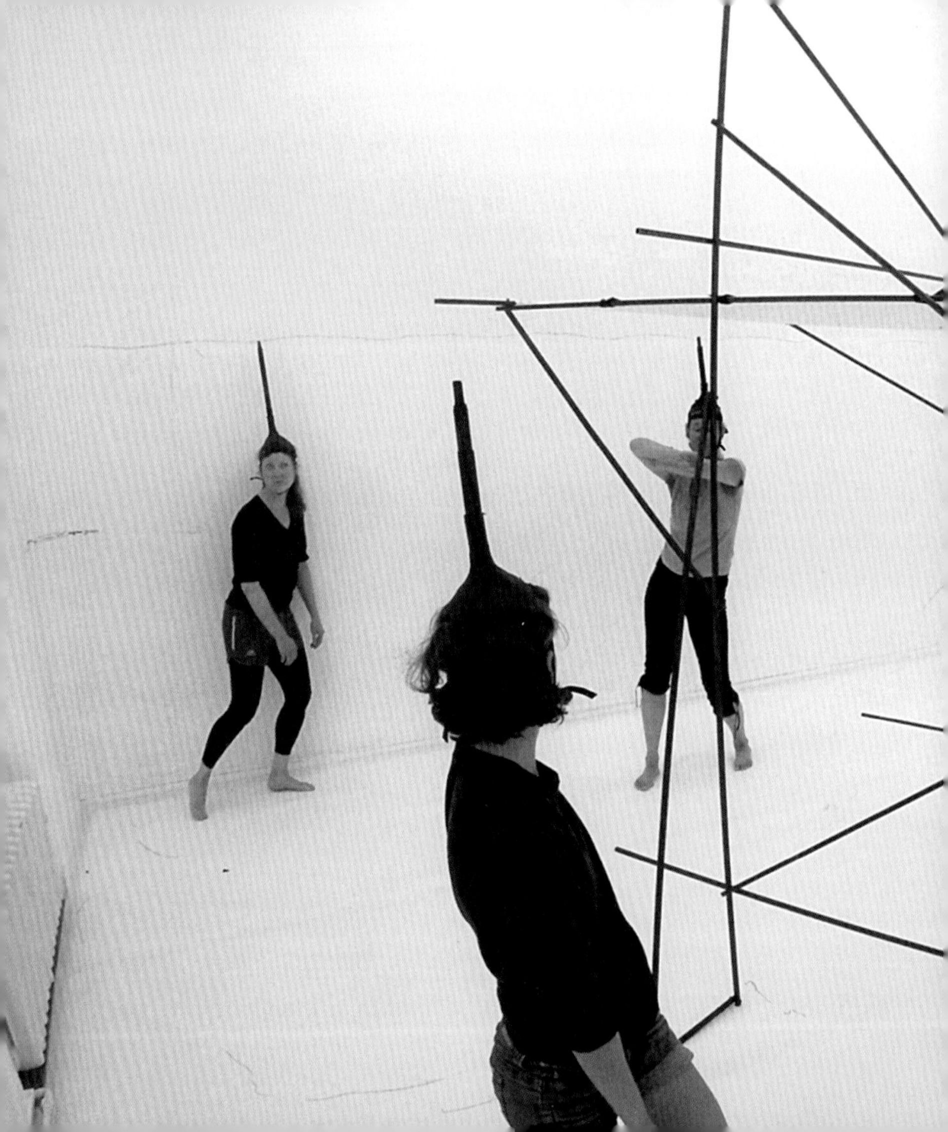

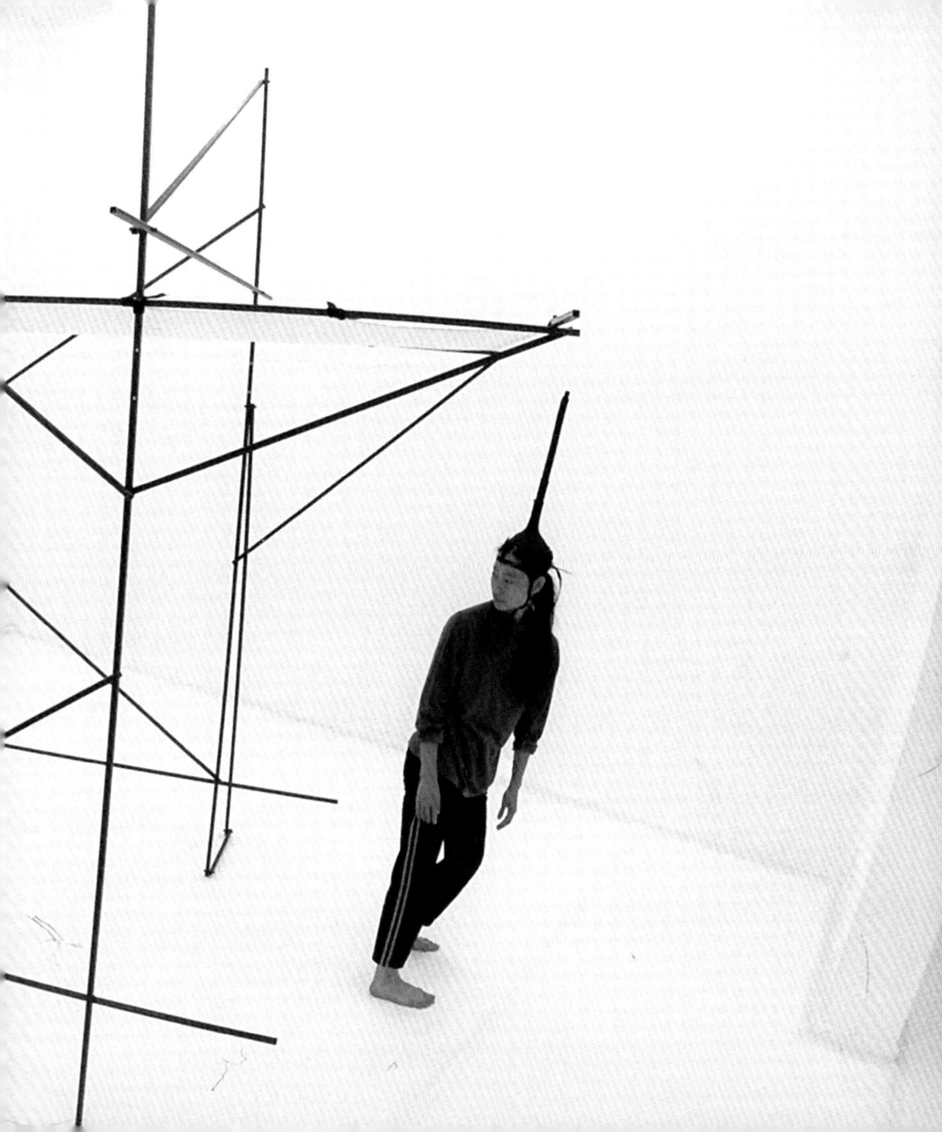

Sie bewegten sich langsam und wie pulsierend durch den Raum. Sie gingen, hüpften, drehten sich ein und um sich herum, falteten Gliedmaßen, wanden sich, lagen, rollten, schienen wie in unterschiedliche Richtungen gleichzeitig gezogen. Manchmal erklangen Laute, nicht zuordenbare Atmungs- und Stimmgeräusche, die aus der Bewegung selbst entstanden und auf bestimmte, nicht sprachliche Weise, über Schwingungen, Echos, Rhythmen kommunizierten. Die Tänzer*innen, unter ihnen auch Geppert selbst, wirkten wie Wesen in einer anderen Sphäre, zwischen Tier und Mensch, Mensch und Maschine – Cyborgs im Sinne Donna Haraways.[12]

Zwischenräume

Die Tänzer*innen formierten wie zufällig Solos, Duette und kurze Gruppensequenzen und -tableaus; doch nie zum Publikum frontal angeordnet, eher verschwanden sie hinter einem vorgelassenen Wanddurchgang. Auch wenn sie sich aus der Gruppe herauslösten, sich abgewandt voneinander bewegten, blieben sie wie durch Zauberhand in Verbindung. Sie kommunizierten unablässig und machten einen ethisch-gestimmten Raum erfahrbar, einen utopischen Raum, der auf die anderen achten ließ und sich im Zusammenspiel immer wieder neu ausrichtete. Die Bewegungen waren tastend, vorsichtig, forschend, den Raum explorierend, ihn erst performativ entfaltend. »Es ging mir um das Sein im Raum, das sich plastisch-architektonisch entfaltet«, beschrieb die Künstlerin die Bewegungsqualität und das Konzept in einem Interview. »Dabei sollte nicht aktiv oder intentional gezeichnet werden, sondern eher beiläufig – als Spur einer Bewegung im Raum. Ähnlich einem *environment*, indem verschiedene Zustände und Mikrobewegungen in der Übertragung sichtbar werden.«[13] Weiter beschrieb sie eine Energie im Raum, die durch die Performer*innen wie hindurchlaufe. Und auch ein unbewusstes Bewegungsarchiv verschiedener Zustände, auf das man erst

12) In ihrem berühmten Cyborgmanifest bezeichnet Haraway mit der feministischen Metapher der Cyborg ein hybrides Wesen, das sich nicht in binäre Ordnungen wie männlich, weiblich, Mensch, Maschine, Tier festschreiben lässt und daher auch deren Hierarchien unterlaufen kann. Vgl. Donna Haraway: »Ein Manifest für Cyborgs. Feminismus im Streit mit den Technowissenschaften«, in: dies.: *Die Neuerfindung der Natur. Primaten, Cyborgs und Frauen.* Frankfurt am Main/New York: Campus 1995, S. 33–72.

13) Ebd.

einen Zugriff entwickeln müsse; wie ein tiefempfundenes und nicht von außen antrainiertes »Bewegungsmaterial«.[14] Dies erklärte sich daraus, dass die Gruppe mit Improvisation und somatischen Praktiken gearbeitet hatte, um zu dieser Bewegungsqualität zu gelangen, die eine hybride Verbindung mit dem *Headset* eingehen konnte. »Uns ging es nicht um Posen oder die Gesten, also nicht um virtuose Körper oder Formen der Repräsentation, das hätte hier keinen Sinn gemacht. Vielmehr wollten wir einen Raum des Erspürens, einer Kommunikation vor der Kommunikation. Es sollte eine Art Zwischen- oder Verhältnisraum entstehen, in dem alles möglich ist«, sagte Geppert im Interview und berichtete weiter vom Entstehungsprozess: »Wir fragten uns, wie man eine solche Gestimmtheit herstellen könnte; und wie in dieser ständigen Verwandlung gleichzeitig eine bildhauerische, gezeichnete Form entstehen könnte.«[15]

14) Vgl. Timo Skrandies und Katharina Kelter (Hg.): *Bewegungsmaterial. Produktion und Materialität in Tanz und Performance*. Bielefeld: transcript 2016.

15) Ebd.

Minimalistische Verfahren, Weiter- und Überschreiben

Aus der Spannung zwischen Improvisation und Form entstand die Frage, wie man diese besondere Gestimmtheit oder das »attunement«[16] im Raum erreichen könne, ohne auf Narrative zurückzugreifen. Der Choreograph Sebastian Matthias nennt im Rückgriff auf Praktiken des Jazz und implizit auf den Wahrnehmungsphilosophen William James dieses Einstimmen über Bewegung, Rhythmus und Formen des »entrainments« (Trainings) »attunement« und beschreibt die politischen Dimensionen dieser Teilhabe.

16) Vgl. Sebastian Matthias: »groove relations. Bewegungsqualitäten als Ordnungsstruktur partizipativer Versammlungen in Clubtanz und zeitgenössischer Choreographie«, in: Regula Valérie Burri, Kerstin Evert, Sibylle Peters, Esther Pilkington und Gesa Ziemer (Hg.): *Versammlung und Teilhabe. Urbane Öffentlichkeiten und performative Künste*. Bielefeld: transcript, 2014, S. 51–73, bes. S. 55.

Es entstand ein Katalog mit zehn Anweisungen: *Ten Scores for a Sculpture*. Vermutlich in Anlehnung an Robert Morris' Schrift *Bemerkungen zur Skulptur*[17] aus dem Jahr 1965. Hier beschrieb Morris die Tendenzen des Minimalismus zur nicht symbolischen Interaktion mit den Betrachter*innen, eine Hinwendung zur Temporalisierung und zum Prozess sowie zu einer Unbestimmtheit *(indeterminacy)*. Skulptur war für ihn eine Gegenbewegung zu Malerei und eine Antiform; genauer eine

17) Robert Morris: *Bemerkungen zur Skulptur. Zwölf Texte* [1965]. Hg. von Susanne Titz und Clemens Krümmel. Zürich/Dijon: JRP Ringler/Les presses du réel 2010.

»komplexe plastisch(e) Beziehung(en)«, die einen »buchstäblichen Raum« für sich einforderte und in deren »Gestalt« oder »Kontinuum« die Betrachter*innen einträten.[18]

Für diesen geteilten Raum zwischen den Beteiligten, für die erweiterte Skulptur und das Prozesshafte scheint sich auch Geppert zu interessieren; allerdings in einer Aktualisierung dieser Wahrnehmungsfragen. Geppert entwickelte zehn »instructions«,[19] die eine buchstäbliche und eine die Zuschauer*innen stark einbeziehende Skulptur ermöglichten. Die Regeln (scores) lauteten,[20] dass das *Headset* ein Organ sei; der Körper im Sinne von Gilles Deleuze faltbar sei, Gesten vermieden werden sollten, die Skulptur eine Art *mind map* sei (also zunächst unsichtbar), einen *multiaxialen* Raum bilde, der sich durch eine *interconnectedness* auszeichne, es keine Handlungsnotwendigkeit gebe, nicht intentional gezeichnet werden dürfe sondern um einen Abdruck handeln solle,[21] der Bewegungsrhythmus plötzlich und allmählich sei. Ein wichtiges Gebot sei das »Listening«, das Innehalten und Horchen.[22] Insgesamt gibt es zehn *shapes* zu den *scores*, die es ermöglichten, sich überschreibende Zustände zu erzeugen. Jene Anweisungen brachten in der Performance eine zugleich festgelegte und offene Bewegungsästhetik hervor, oszillierten zwischen improvisiert und festgelegt. Sie nehmen deutliche Referenz auf den US-amerikanischen Postmodern Dance und den Minimalismus der 1960er-Jahre, in denen Robert Morris und neben ihm die Choreograph*innen der Judson Church mit *tasks* und *scores* (Partituren) experimentiert hatten. Diese Choreograph*innen – Steve Paxton, Yvonne Rainer, Trisha Brown, Lucinda Childs und andere – hatten den Tanz weg vom ausdrucksstarken Modern Dance, zu reduzierten Bewegungsmodulen oder Alltagshandlungen umstrukturiert. Besonders die Arbeiten von Yvonne Rainer zeichneten sich durch ein radikales, nicht virtuoses und aufgabenorientiertes Bewegungsmaterial aus. Sie basierten auf »found movement«, einer »equality of the parts«,

18) Ebd. S. 26, 28.

19) In ihrer Studie über *scores* und *instructions* beschreibt Liz Kotz diese Praktiken der geschriebenen Anweisung seit den 1960er-Jahren als performativ und interdisziplinär, weil sie zwischen Sprache, *visual art*, Poesie und performativer Handlung changieren, u. a. am Beispiel von Vito Acconci, Joseph Kosuth und Lawrence Wiener. Liz Kotz: *Words to be looked at*. Cambridge: MIT Press 2010.

20) Frei nach Interview mit Geppert.

21) Das Motiv des Abdrucks war bereits in einer früheren Arbeit der Künstlerin Thema: In *Both at the Same Time* (2011) zeigte sie DIN-A4-Bögen mit Fingerabdrücken, die das Potenzial und die Dauer von Handlungen sichtbar machten.

22) Geppert im Interview.

ihapes for *Ten Scores or a Sculpture*, *Elemente der Kommunikation / Elements of Communication*, no.)1–04 / 10 Drawings, :0 cm × 30 cm, 2016 im Uhrzeigersinn / :lockwise)
'lügelschlag: Raumittern – innerlich ibrieren / *Flap*: rembling space—nner shaking
pannungsvertikale: Zwischen Decke ınd Boden eingepannt – getrieben – chnell / *Charged 'ertical*: Harnessed etween ceiling and loor—driven—fast
Bogenschlag: Körperschwere – ethargisch – lötzlich / *Arc Punch*: weight—ustained—sudden
Sendungsstrudel: Nadelstrichartige Drehung in den Raum, ziehen – drehen – fallen / *Whirling Broadcast*: Needle-like turning n the space, ugging—turning—alling

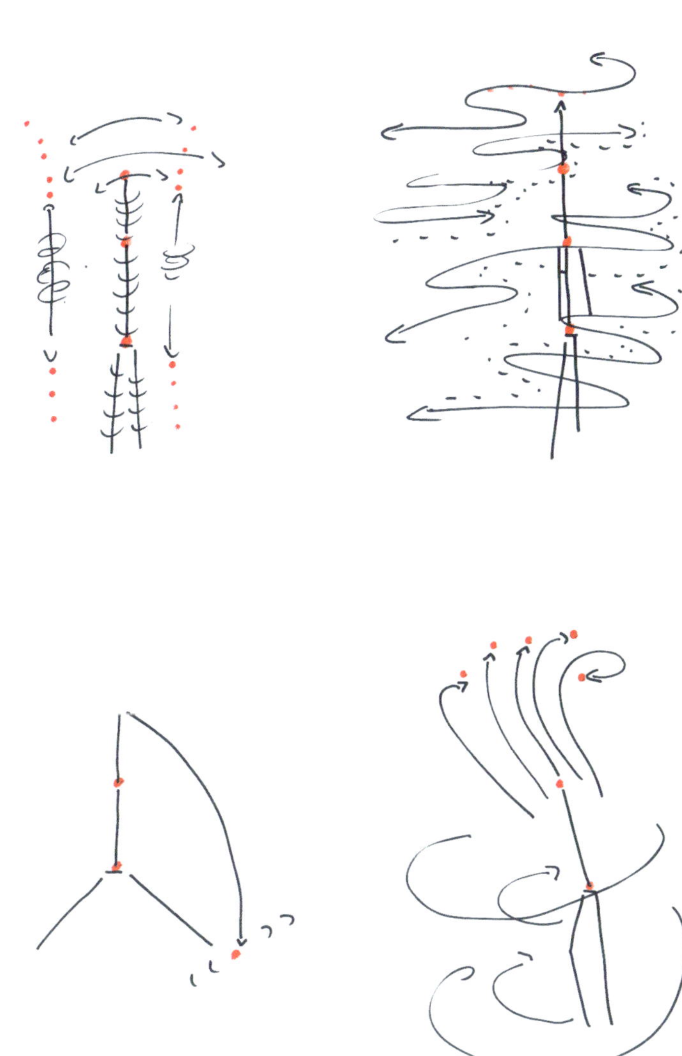

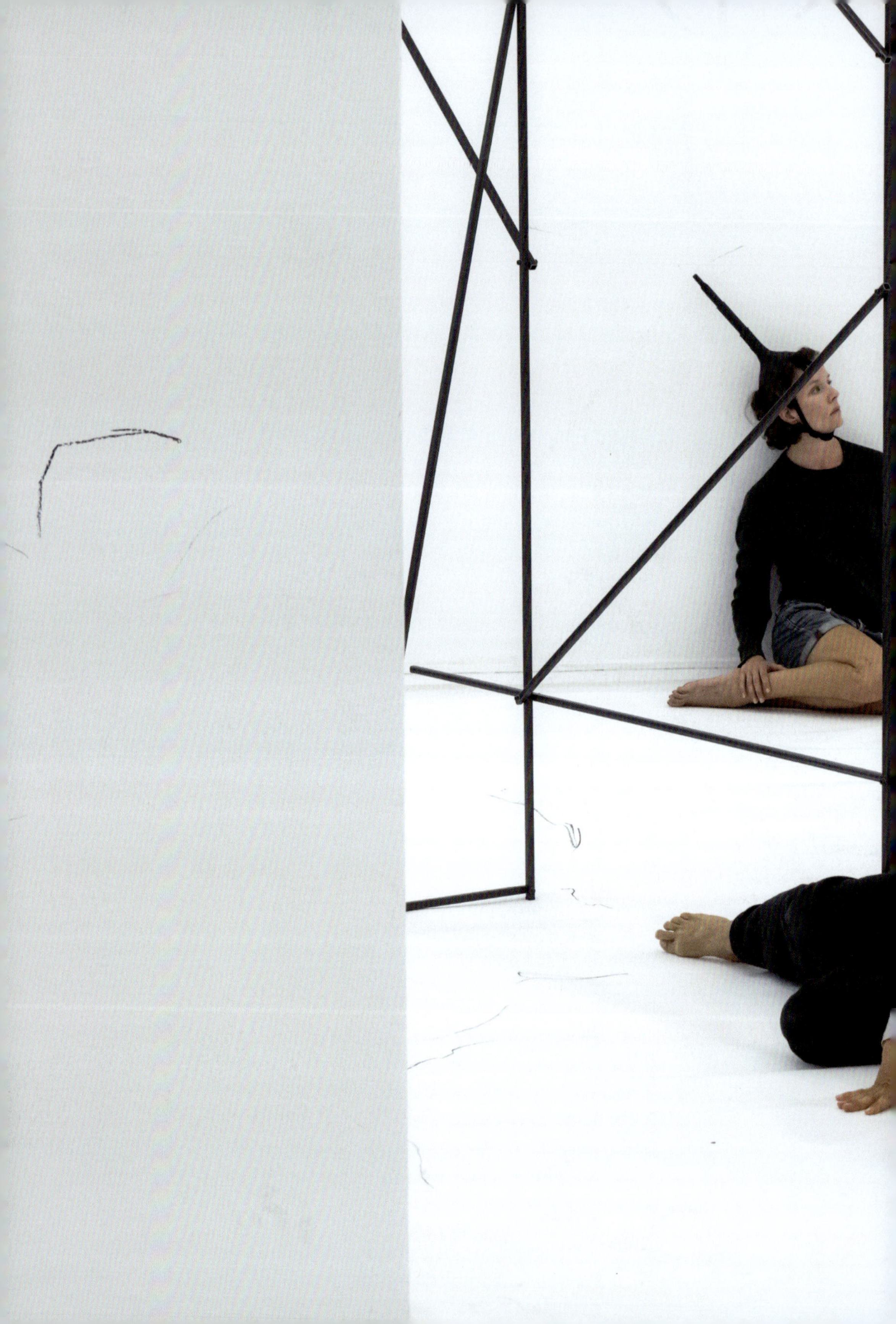

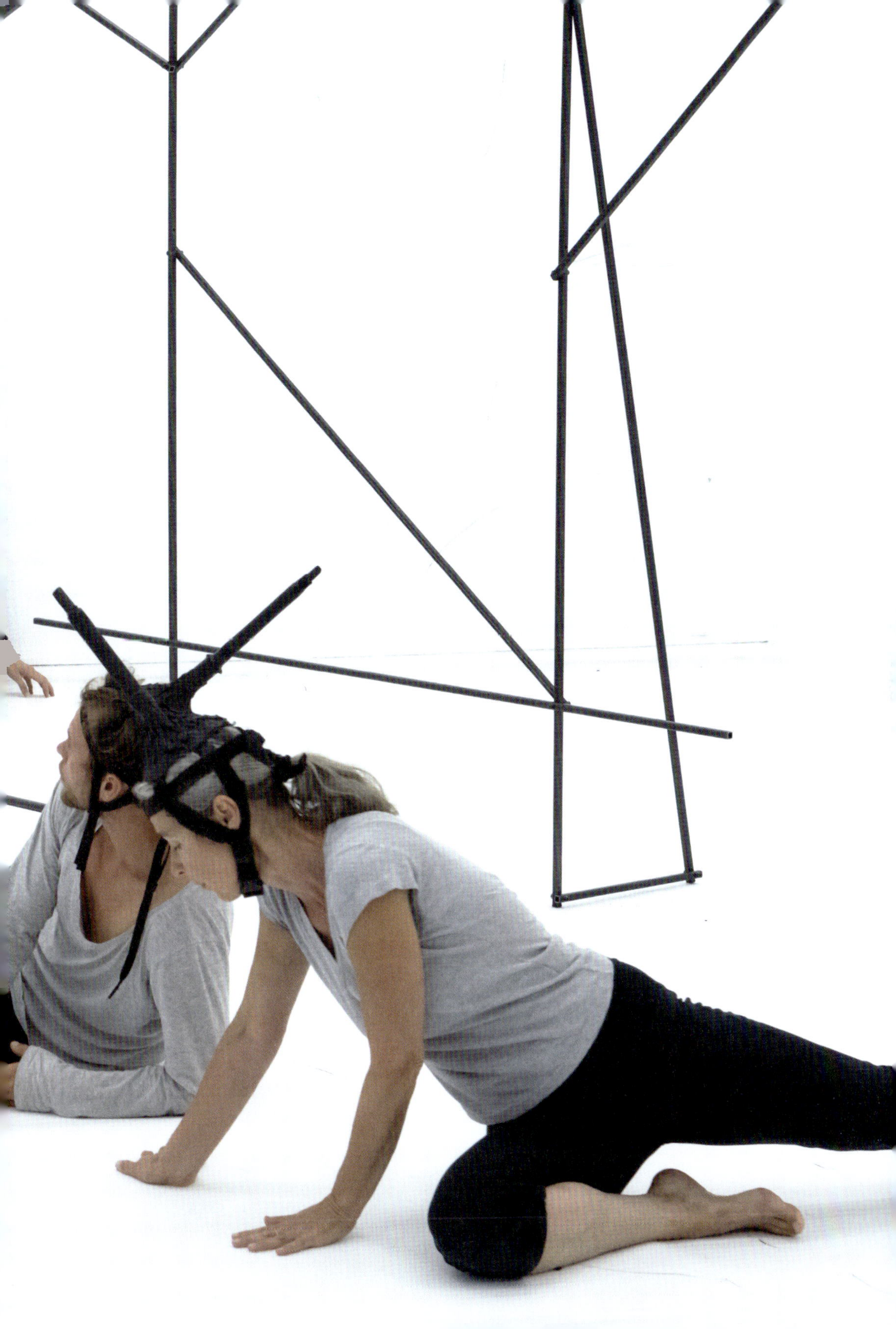

»repetition of discrete events«, einer »neutral performance« statt emotionalisierender Repräsentation, einer »literalness« und einem Fokus auf dem »human scale« der Settings.[23] Diese klare Referenz wird in *Ten Scores for a Sculpture* (S. 58–65, 68–69, 76–77, 82–83) – alle Anforderungen treffen auch hier zu – aber erweitert und überschrieben. Die somatische Bewegungspraxis bei *Ten Scores for a Sculpture* erzeugt eine andere Form der Intensität und *indeterminacy* zwischen Körper, Raum und *score*. Es wird ein komplexer, variabler, lebendiger, cyborghaftiger Leib-Bild-Raum erzeugt, der auch eine andere Zeitlichkeit hat als die Arbeiten von Rainer. Hier waren oft Taktung und Dauer gegenübergestellt.[24] In Gepperts Arbeit gibt es eine spezifische Zeitlichkeit von »sudden and sustain«, ein Werden, in das Differenzen eingeschrieben sind. Die intuitiv-forschende,[25] kollaborative Arbeitsweise entgrenzt nicht nur die künstlerischen Disziplinen oder Kunst und Leben. Sie entgrenzt die Individuen selbst in einen sozialen Möglichkeitsraum und komplexe Zeitlichkeit aus Vergangenheit, Gegenwart und Zukunft. (Bewegungs-)Konstellation kann man hier metaphorisch und in Anlehnung an Walter Benjamin verstehen. Sie existieren nebeneinander als »helle Einheit der Konstellation«, als Geflecht von »Ähnlichkeiten« – wie die Spuren, Körper, Bewegungen und Dinge im Raum. »Die Ideen verhalten sich zu den Dingen wie die Sternbilder zu den Sternen. (…) Im Gegenzug zum Drang aufs große Ganze darf sich der Blick ins Detail versenken, ohne den Zusammenhang zu verlieren.« Benjamin beschreibt dies auch als das »blitzhafte Zusammentreten von Gewesenem und Jetzt zu einer Konstellation.«[26] Die Erweiterungen der Skulptur ins Dynamische und ins Soziale, die gleichzeitig ein vergangenes Bewegungsarchiv und deren Affekte aufrufen, lassen die Arbeiten von Stella Geppert tatsächlich als vielfach aufgeladene Konstellationen erscheinen. Diese komplexe Zeitlichkeit bleibt gespeichert in den sich überschreibenden Spuren der Notation.[27]

23) S. Yvonne Rainer: »A Quasi Survey on Minimalist Tendencies in the Quantitavely Minimal Dance Activity Midst the Plethora or an Analysis of Trio A«, in: Gregory Battcock (ed.): *Minimal Art: A Critical Anthology*. Nueva York: E. P. Dutton & Co 1968, S. 263–267, hier S. 263.

24) Vgl. Lambert-Beatty: »Wie man Zeit organisiert«, S. 32 f.

25) Im Interview nannte Stella Geppert Henri Bergson und Maurice Merleau-Ponty als Inspiration für eine intuitive Methode des Forschens.

26) Walter Benjamin: *Das Passagen-Werk*, Bd. 1. Frankfurt am Main: Suhrkamp 1983, S. 576.

27) Geppert im Interview.

Stella Gepperts *Hieroglyphendecke* (Cover, S. 9, 26–27) lässt also konstellativ etwas sichtbar werden, das nicht benennbar ist und doch von Sozialität durchdrungen ist. In der Arbeit entstehen die Dinge von selbst, aus einer Gestimmtheit, aus Berührungen, einem Affekt heraus. In ihrer Studie *Politics of Touch* beschreibt die Philosophin Erin Manning Affekt als Berührung: »Affect is not emotion, though it does play on the idea of movement in the word emotion. Emotion is affect plus an awareness of this affect. Affect is the withness of the movement of the world. Affect is which grips me first in the moment of relation, firstness in Charles Sanders Peirce's vocabulary. Affect is ontogenetic power of existence.«[28] In diesem Sinne lässt sich die besondere Qualität der *score*-basierten Bewegungsanordnung lesen: als Affektraum, in dem Denken und Fühlen, Aktiv und Passiv und Vorher und Nachher verschwimmen.

28) Erin Manning: *Politics of Touch. Sense, Movement, Sovereignty*. Minnesota: Minnesota UP 2006, S. xxi.

Zentrales Instrument dieser Ästhetik ist das *Headset*, das das Zeichnen nicht von der Hand ausführt, sondern von einer Erweiterung des Kopfes ausgeht, die weder Kostüm noch Symbol ist, sondern etwas Buchstäbliches hat. Das *Headset* selbst durfte laut *score* nicht aktiv bespielt werden. Dieses Ding hinterließ überall Spuren, auf dem Boden, an den Wänden, an den anderen Performer*innen; aber nicht als Werkzeug, Waffe, Schutz oder Symbol für Unterdrückung, wie es beispielsweise Rebecca Horns *Headset* mit Bleistiften in *Performance II* von 1973 vorführte. Vielmehr zeigte sich das Berühren als ein leibliches »Pieksen in den Raum« und als »Abrieb« an der Wand. So bezeichnet die Künstlerin diesen Vorgang zwischen Tanz und Zeichnung,[29] erinnernd an eine *écriture automatique* oder eine Zeichnungsmaschine. Das *Headset* hinterließ zeichnend eine Bewegungsspur, eine Notation, die im Nachhinein nicht mehr konkret lesbar ist, aber dennoch einen Bewegungseindruck gibt – fast wie eine Notation im Tanz, die als Partitur funktioniert.

29) Geppert im Interview.

In seiner aktuellen Studie *Schrift im Raum* und in einem Artikel mit dem Titel *Dancing is like scribbling* erforscht Alexander Schwan jene »Korrelationen von Schrift und Tanz« im 20. Jahrhundert. Er bestimmt Tanzen – mit Gabriele Brandstetter – als *écriture corporelle* im Raum und analysiert jene »Poetik der Bewegung« als »imaginäres Schriftbild« und »ephemere Einschreibung in den Raum«.[30] Dabei sei die Raumschrift als Quasi-, Para- oder Als-ob-Schrift zu verstehen, bei der sich die Frage der Decodierung auf besondere Weise stelle. Tanz sei die Permutation eines Schriftbilds, bestehend aus Bewegungslineaturen; Tanz sei als Kritzeln wahrzunehmen und es gebe keine Trennung mehr zwischen Prozess und Produkt. Besonders weil hier das Zusammenwirken von Ausführenden und Tanzsehenden, ein kinästhetischer Mitvollzug, ein »Mitkritzeln« stattfinde. Die *écriture corporelle* sei ein »Produkt der Einbildungskraft« mit all ihren »geometrischen Linien und Extensionen, Gestaltformen und Abstraktionen« – ein (De-)Figurationsprozess. In der Nichtwiederholbarkeit der gekritzelten Notation werde darüber hinaus eine Erfahrung der Differenz möglich und damit eine Erfahrung der Möglichkeit zum Anderssein einer Situation.[31]

Ten Scores for a Sculpture kann als eine solche Defiguration und *écriture corporelle* gelesen werden – ohne ganz gelesen werden zu können; Prozess und Produkt verschwimmen. Die Zuschauer*innen führen die imaginäre *mind map* mit aus. Die Arbeiten von Stella Geppert manifestieren sich darüber hinaus sogar als Schriftbild, nämlich als Notation von Bewegung als Kohlespur im Raum – ob von einer Konversation, einem Kopfbewegungs-Leseprotokoll oder einer Choreographie. Vereinzelt verdichtet sich die Spur der Bewegung an der Hieroglyphendecke, den Wänden des Aufführungsorts oder an den Körpern der Mit-Tänzer*innen und ruft eine ganz andere Dimension des Verhältnisses von Zeichnung und Tanz auf: die zeichnerische Notation. Gabriele Brandstetter und Laurence Louppe haben sie – beide mit Rückgriff auf die frühen

30) Alexander Schwan: *Schrift im Raum. Korrelationen von Tanzen und Schreiben bei Trisha Brown, Jan Fabre und William Forsythe*. Bielefeld: transcript 2019 (im Erscheinen); ders.: »›Dancing is like scribbling, you know‹. Schriftbildlichkeit in Trisha Browns Choreographie Locus«, in: *Sprache und Literatur* 42. Nr. 107 (2011). S. 58–70.

31) Ebd., S. 60–63, 67.

Notationen von Raoul-Auger Feuillet im 18. Jahrhundert und auf die modernistischen Experimente des 20. Jahrhunderts – als eine »Topographie des Flüchtigen« und als »hieroglyphs in the shadow of writing« charakterisiert.[32] Sie seien »hybride Schriftbilder«, die Bewegung »bewahrten und entfalteten« und eine Spannung zwischen »Zeit und Materialität« eröffneten. Sie seien »Formfindungen, Aufzeichnungen oder Visualisierungen« von Bewegung – *choreo-graphien*, Raumschriften im buchstäblichen Sinne; mal »Präskript«, mal »Partitur«, mal »vorgeschriebene Praktiken« (*scores*). Sie seien schwer zu entziffern, müssten korrelativ und diagrammatisch gelesen werden. Sie seien mehr »inaccessible sites of the archives of dance« als Wiedergaben, dennoch können sie als »membranes of porous spaces« verstanden werden, die die Bewegung von den Körpern aufnehmen.[33] In jener Übertragungsbewegung entfalten sich auch die Hieroglyphen in *Ten Scores for a Sculpture*: als »de-representation« und »counter-writing of dance«,[34] aber dennoch in einer Kontinuität des Abriebs und der Berührung.

Deproduktion und Plastizität

Neben der Kontinuität des Berührens ist das ›Fremdmachen des Bekannten‹ eine zentrale Strategie in Gepperts Arbeit. Es kann als ästhetische Erfahrung bezeichnet werden. Als ein sinnliches »Den-Stein-steinern-Machen«, wie Viktor Sklovskij es in seiner Studie zur *Kunst als Verfahren* beschrieb.[35] Im skulpturalen Handeln werden Funktionsweisen unterbrochen und die Wahrnehmung intensiviert. *Another Kind of Documentation* (2016, S. 46) zeigte einen ähnlichen Vorgang einer Umwidmung eines Stativs durch eine Keramik, der die eigene, taktile Bearbeitung deutlich anzumerken war. Dies suggeriert eine andere Form der Speicherung und Medialität von Bewegung. Und auch in den Keramikarbeiten *Two Feet Seven Inches* (2018, S. 88) sind Herstellungsprozess und Formgebung identisch, weil die Form Produkt einer Bewegung ist und sie gleichzeitig ausführt. So

32) Gabriele Brandstetter, Kirsten Maar und Franck Hofmann (Hg.): *Notationen und choreographisches Denken* (= scenae, Band 13). Freiburg: Rombach 2009, S. 7; Laurence Louppe: *Traces of Dance. Drawings and Notations by Choreographers*. Paris: DisVoir 1994, S. 19; sowie Sarah Burghalter und Laurence Schmidlin (Hg.): *Spacescapes. Dance and Drawing since 1962*. Zurich: JRP Ringier 2017.

33) Louppe, ebd., S. 28.

34) Ebd., S. 11.

35) Viktor Sklovskij: »Kunst als Verfahren [1916]«, in: Juri Striedter (Hg.): *Russischer Formalismus*. München 1994, S. 5–35, bes. S. 15. Bertolt Brecht entwickelt diesen Gedanken weiter zum Verfremdungseffekt, s. Bertolt Brecht: »Vierter Nachtrag zur Theorie des ›Messingkaufs‹«, in: Klaus Lazarowicz und Christopher Balme (Hg.): *Texte zur Theorie des Theaters*. Stuttgart: Reclam 1991, S. 282–285.

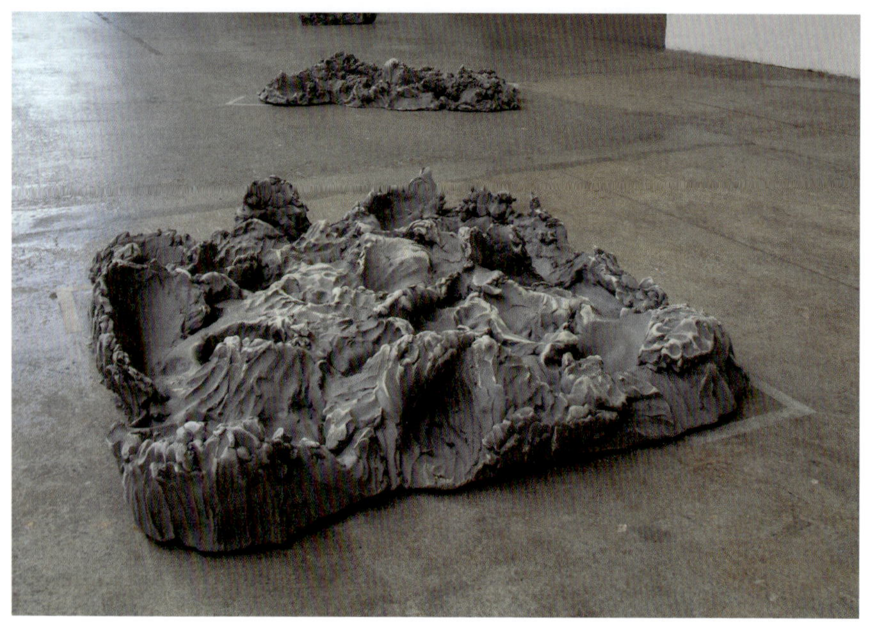

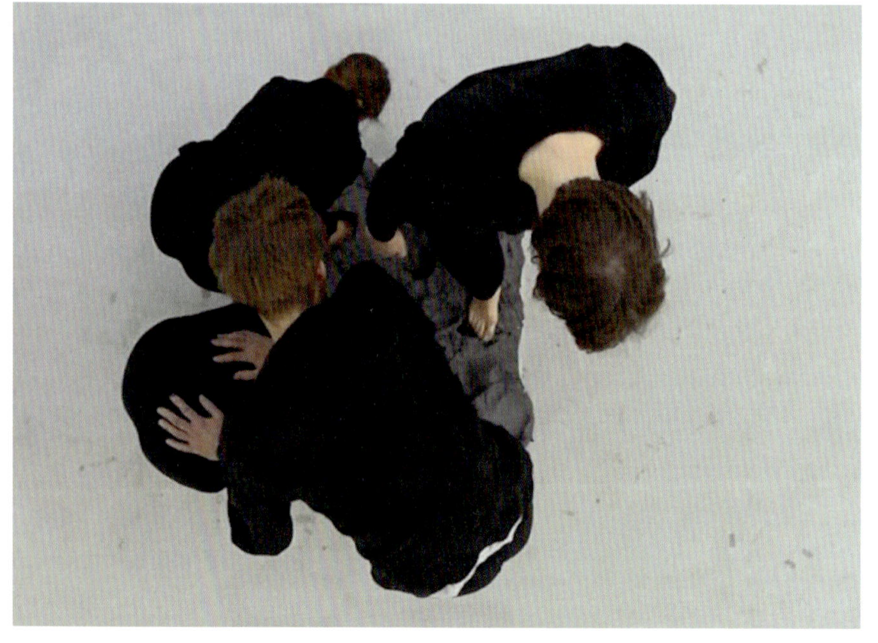

Two Feet Seven Inches / Gesture of Exploitations #01, performative sculptures with Sara Grotenfelt, Antonia Harke, Mikkel Mallow, Julia Müllner, ca. 20 min, clay, ceramic, ca. 85 × 95 cm 30 cm / *Diary of Movements* (film still), *Power Plant*, Kunsthal Nord, Denmark, Copenhagen / Aalborg zeigte beispielsweise auch Gepperts Arbeit *When Destruction Becomes New Form* (S. 90) von 2011 eine Serie an zertrümmerten und re-formierten Briefablagen, die auf ihre industrielle Herstellung verwies. Hier war der Zerstörungsprozess die Vorarbeit für den Formungsprozess. In den Spuren der Zerstörung[36] lag ein neuer Enstehungsprozess als Form und als Abdruck von Handlungen. Dies gilt auch für die Plastizität des Raums in *Ten Scores for a Sculpture*: es entsteht keine feste Form, aber auch nicht nur die Flüchtigkeit des Tanzes. Durch die Notation tritt beides in eine Spannung des Werdens und Zerstörens; das flüchtige Objekt der Bewegungen bewahrt, überschreibt, erneuert Spuren. In ihrer Studie *Plasticity at the Dusk of Writing* über Hegel, Heidegger und Derrida und über Neurowissenschaften beschreibt die französische Philosophin Catherine Malabou eine solche produktive Kraft, die in ihrer Zerstörung liege, als Plastizität. Dies passt zur paradoxalen Ästhetik in Gepperts Arbeiten.[37] Malabou schreibt: »Plasticity survives or transgresses its own destruction«,[38] und weiter unten, dass Plastizität das Potenzial habe, zugleich Form aufzunehmen und zu geben, dass sie alle Form dekonstruiere und sich in einer Art »Metamorphose« und »Autoplastizität« in die Zukunft öffne. Daher sei Plastizität mehr als nur Form, sie sei Möglichkeit.[39] In diesem Sinne sind Stella Gepperts Arbeiten plastisch, weil sie Formen hervorbringen und gleichzeitig ausstreichen; der sich selbst immer wieder hervorbringende Möglichkeitsmodus aber bleibt stets intakt. ———

36) Stefanie Böttcher im Interview mit Stella Geppert, s. http://www.stella-geppert.de/perch/resources/boettcher-geppertinterviewdt-3.pdf [Zugriff am 8. August 2018].

37) Malabou, Catherine: *Plasticity at the Dusk of Writing. Dialectic, Destruction, Deconstruction*. Columbia: Columbia UP 2009.

38) Ebd., S. 76.

39) Ebd., S. 17.

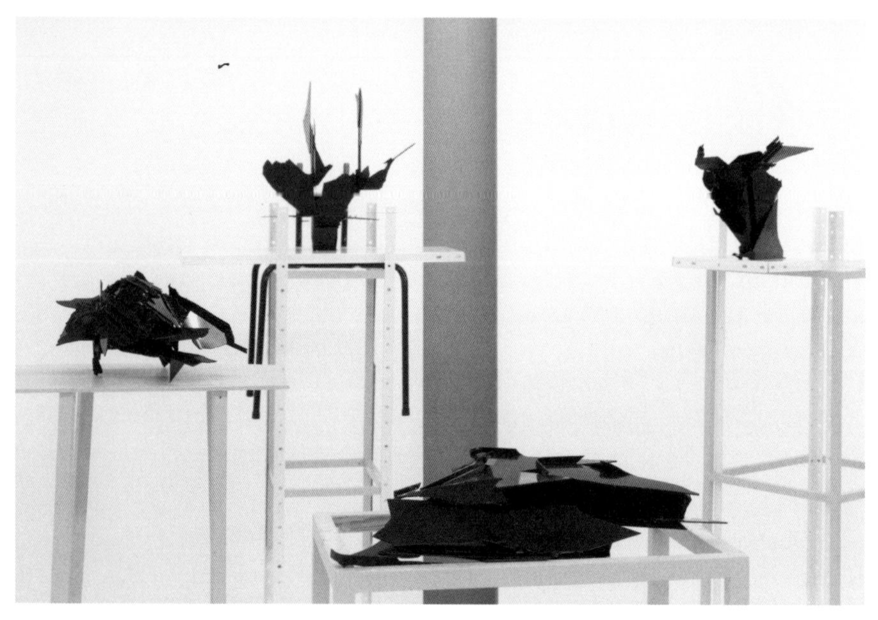

When Destruction Becomes New Form #1–12, *Aufruhr*, front-views gallery, Berlin, 2011 (Detail / detail), 12 Briefablagen (gefaltet, geworfen, gekickt, besprungen, …), diverse Materialien / 12 letter trays (folded, thrown, kicked, jumped on, …), various materials

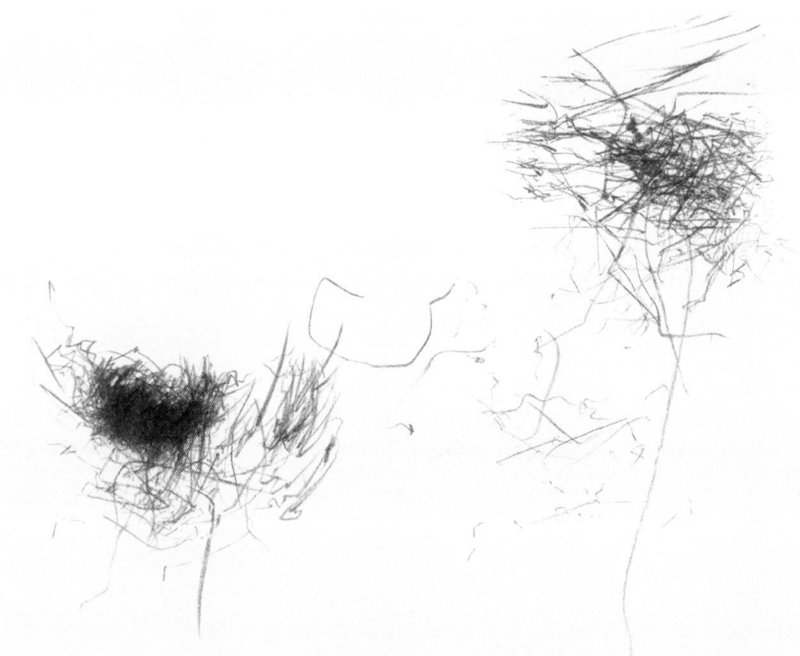

Talk with Mariella Greil about Sculpture and Choreography, Leipzig, June, 2018 while standing, 00:45 min, position: left STG, right MG, charcoal on paper, 150 cm × 180 cm, code: T025

92:
*Talk with JK,
JB about the
Art Work*,
JK was sitting
on a chair,
April 2016
Berlin
(Studio view)

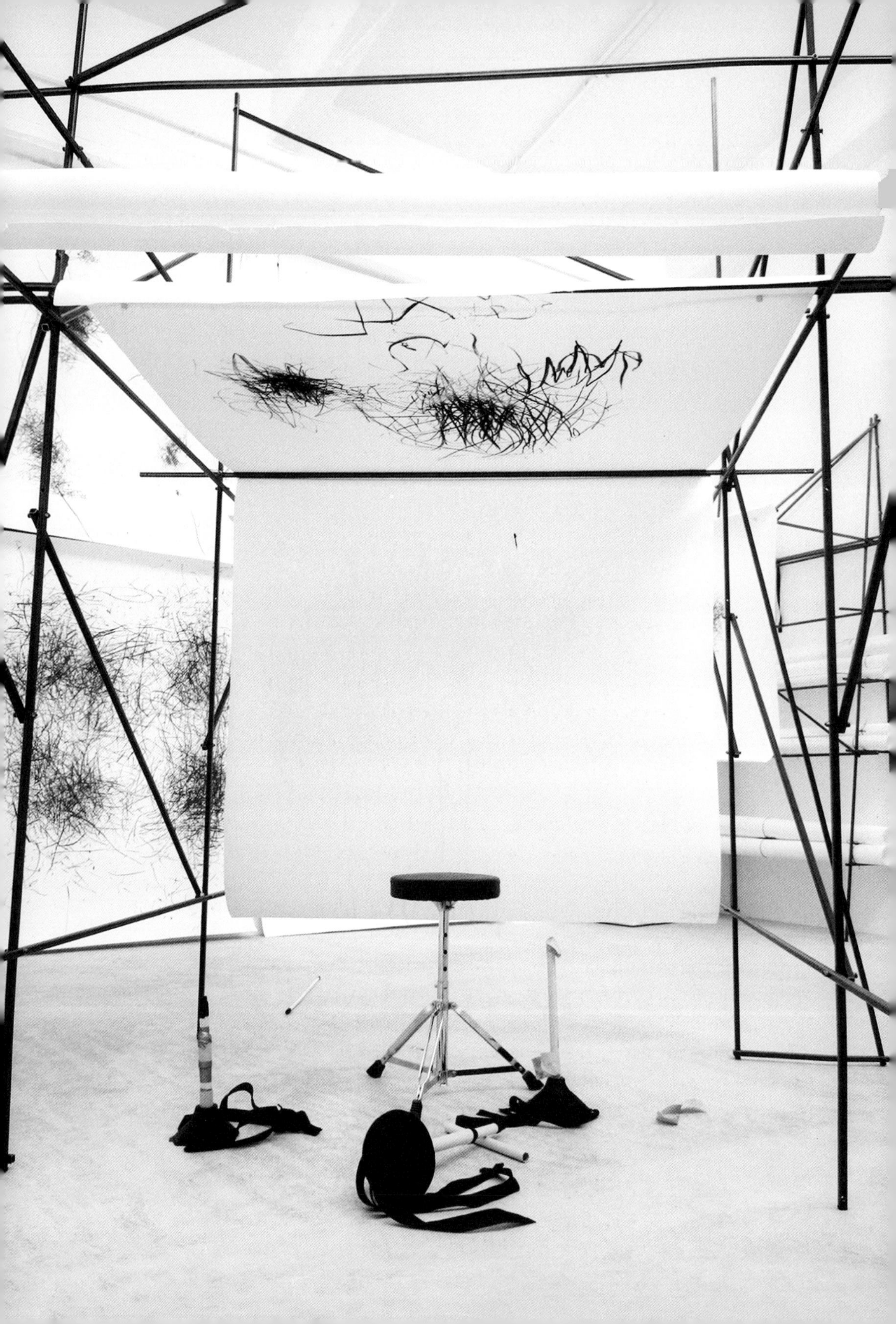

Movement Constellations: *Ten Scores for a Sculpture* as Choreographic Sculpture

by Maren Butte

The score is within all of us:
it is the ensemble of breathings, pulsations,
emotive discharges or mass displacements which are focused on our bodies.
It is the geography of the influxes diffused around us by the
imaginary vision of space,
it is the quality of the relations that we can have with the objective givens of the real
—the very givens that movement sculpts, embraces of or disperses
according to its own axes of intensity.[1]

Laurence Louppe

Stella Geppert's work entitled *Ten Scores for a Sculpture* (pp. 58–65, 68–69, 76–77, 82–83) is clearly more choreographic than her other works. In August 2017 at the Haus am Lützowplatz[2] in Berlin, the artist, making reference to minimalist, postmodern dance and task- and score-based methods, showed a roughly forty-minute, movement-based work with six performers in which the boundaries between sculptural and choreographic processes were made fluid. Performance here became an act of sculpting and drawing and vice versa. The work was developed by Geppert together with the choreographer Jan Burkhardt[3] and the four dancers Lukas Geschwind, Kathleen Heil, Michelle Lui, and Hilla Steinert. The result was a fleeting, constantly transforming spatial sculpture of bodies, lines, and material in motion. In what follows, we will examine the liminal boundary between sculptural and choreographic practices.

Differences and Performative Spaces

Already in earlier works, the artist demonstrated an interest in the space-generating performativity of actions and choreographic practices. Her works oscillated between sculpture, performance, and social practice, often manifested as experimental setups or field research in a given space. In works such as *Parasitäre Verhältnisse* and *Standpunkte unterschiedlicher Sichtweisen* (both from 2002, p. 48), the artist first investigated her surroundings and then transformed them through discrete interventions.[4] Specifically, the artist intervened in the habitual spatial paths of passersby by installing upholstered padding on the railing inside Berlin's Alexanderplatz U-Bahn station, which changed the visual and functional order of the spatial situation. In this way, it can be understood as a "poetic act of resistance." This approach is also exemplified by Geppert's work *Without here—Without there* (2008, p. 71), in which the *objet trouvé* of a bike constellates space in a new way. Or consider the work *Cross-Links* (2011, p. 71), in which a red rope connected pre-existing holes and openings of common interior and exterior spaces, revealing in the visual legibility of the openings other constellations, axes, and spatial experiences. In doing so, Geppert often made people aware of the existing (power) dynamics and drew attention to the changeability of situations. A typical artistic process of Stella Geppert is walking in public spaces. In his work *Kunst des Handelns* [Art of action], the French philosopher Michel de Certeau characterizes walking as a performative act; walking, paths, and lines are the what firstly define spaces.[5] His theory of space, like that of Henri Lefebvre's, describes a tension between hegemonic, disciplined, and administrative space and subversive kinesthetic acquisition through tactical walking.[6] In Geppert's works these practices of walking lead to an extended concept of sculpture. For example, in the video documentation of the work *Arbusti* (2014, p. 72), a half-human, half-plantlike figure wanders the streets of Venice and, in doing so, unfolds the surroundings anew as a space between nature and culture; *Buongiorno You are Welcome!* (2015, p. 72) follows two Venetian police officers on their patrol through the city, rendering permeable the boundaries between art and working life. These works illustrate that spaces are never fixed volumes or containers, but rather arise only once socially and collectively enacted: they emerge through actions. They can, therefore, be thwarted and transformed—into a fleeting sculpture, freed from power structures and functional contexts; or one, at least, distanced from them through irony and estrangement.

Embodied Drawing and Line(knowledge)

In the history of ideas and discourse, drawing evokes a hand-eye relationship, and within our culture is, in a certain manner, connected to processes of perception, reception, thought and production. Drawing is provisional, sketched, often a precursor to a produced work; it is characterized by multiple transmissions situated between thought, sight, and the written.[7] In her cultural study on lines, Sabine Mainberger describes the subliminal implications of drawings using the example of the "fascination with lines" of the nineteenth and early twentieth centuries, which celebrated dynamism, seriality, and the dissolution of the boundaries between art and life.[8] This movement archive of the line reveals itself and reverberates through Stella Geppert's work, taking scribbles, scrawls and traces and transforming them into a new, embodied form of drawing.

Dance Conversations

Ten Scores for a Sculpture oscillates between sculpture, installation, and choreography. In the white cube of Berlin's Haus am Lützowplatz, Stella Geppert installed a constructivist, scaffold-like framework of irregularly arranged black poles that was big enough to stand in; an unfurled roll of paper covered the top of the structure. This structure shaped the impression of the space; from a distance, one might think the delicate rods were lines drawn on the walls of the gallery. This structure—the *Hieroglyphendecke* [Hieroglyph Ceiling, Cover, pp. 9, 26–27], as the artist calls the construction—has previously played a role in other works, such as her *Conversations*, from 2015, in which Stella Geppert sat beneath the structure, together with invited guests, for dialogues each lasting forty-five minutes; or in the artist's act of reading in solitude philosophical and art theory texts by Robert Morris, Marcel Duchamp, and Henri Bergson, among others, and lastly by reading *Handbook in Motion* by Simone Forti. The participants always wore custom-made silicone constructions on their heads known as *Headsets*, a kind of paper tube extending on a vertical axis with a piece of charcoal inserted at the end, which leaves traces on the structure's paper ceiling. Thus were created on the white paper—as though unintentionally—movement notations, mysterious hieroglyphs.[9] In 2009, in *Ohne es zu merken* [Without noticing], Stella Geppert constructed a broom made up of an oversized broomstick with charcoal at the end, and documented the action of sweeping the ground through the traces left by the charcoal touching the ceiling of the exhibition space.

In the performance *Ten Scores for a Sculpture*, the *Hieroglyphendecke* sculpture served simultaneously as agent, object, and setting. Six performers moved in relationship to and with the sculpture. They wore everyday or gym clothes as well as the charcoal Headset. The prostheses or extensions of the body were adapted to how tall each person was, bringing everyone to the same height, as to a "waterline."[10] They moved slowly, as if pulsing through the space. They walked, bounced, turned this way and that, folded their limbs in and out, writhed, lay down and rolled, seemingly pulled in different directions at the same time. Sometimes there were noises, unassignable respiratory and vocal sounds that arose from the movement itself and communicated, in a non-linguistic way, vibrations, echoes, and rhythms. The dancers, along with Geppert herself, acted like creatures from and in another sphere, in-between animal and human, human and machine—like cyborgs as defined by Donna Haraway.[11]

Interspaces

Solos, duets, short group sequences and tableaux formed, as if by chance; their movements were never frontally oriented toward the audience, but rather hidden behind an invisible wall.

Even when they left the group, taking distance, they remained in contact with each other as if by magic. They were in constant communication, and this made it possible to experience an ethically-attuned space, a utopian space, constellated in such a way that it allowed others to pay attention to each other and constantly reorient their interactions. The movements were groping, careful and investigative exploring the space, opening it up through the performance. "For me, it was about being in a space that opens up plastically and architecturally," as the artist described the movement quality and concept in an interview. "It shouldn't be drawn or indicated actively or intentionally, but rather casually—as traces of movements in the space. As in an environment in which different states and micro-movements become visible in the transmission."[12] She also described an energy in the space that courses through the performers, as well as an unconscious movement archive of different states, which one must first develop in order to gain access. It was clear that each movement could be initiated by any and all parts of the body. It acted, in fact, as both a foreign and at the same time self-contained movement archive; like a deeply felt and not externally imposed "movement material."[13] This was explained by the fact that the group had been working with improvisation and somatic practices to achieve this quality of movement, which could then develop a hybrid relationship with the *Headset*. "We were not about poses or gestures, nor about virtuoso bodies or forms of representation, which would have made no sense here. Rather, we wanted a space of sensing, a kind of communication before communication. It should create a kind of intermediate or interconnected space in which anything is possible," said Geppert in an interview. She elaborated further on the development process: "We asked ourselves how to create such a mood; and how, within this state of constant transformation, a sculptural, delineated form could emerge."[14]

Minimalist Procedures, Re- and Overwriting

The question of how one can achieve this particular atmosphere or these "attunements"[15] in the space without resorting to narrative lies inherently in the tension between improvisation and form. The choreographer Sebastian Matthias—referring to practices in jazz and implicitly to the cognitive philosopher William James—uses the term "attunement" to describe this concordance of movement, rhythm, and forms of "entrainment" (training), as well as the political dimensions of this partaking.

The result was a list of ten instructions: *Ten Scores for a Sculpture*, likely based on Robert Morris's writing on minimalism and process-focused art from 1965 entitled *Notes on Sculpture*.[16] There, he described the tendencies of minimalism toward non-symbolic interaction with the viewer, as well as a shift toward temporalization, process, and indeterminacy. For Morris, sculpture was a counter-movement to painting as well as an anti-form; more precisely, it was a "complex plastic relationship(s)" that demanded a "literal space" for itself, a space in which the "gestalt" or "continuum" penetrated those observing.[17]

Geppert also appears to be interested in the shared space between the participants, as well as in the expansion of sculpture and procedural possibilities; and certainly, in an updating of questions of perception. Geppert developed ten "instructions"[18] that made possible both a literal sculpture and one that involved the audience deeply. The rules are:[19] the *Headset* is an organ; the body is foldable, in the sense of Gilles Deleuze; gestures should be avoided; the sculpture is a "mind map" (that is, invisible at first); one finds oneself in a multiaxial space, characterized by interconnectedness; there is no pressure to do something; the charcoal lines are traces or imprints,[20] and should not be drawn intentionally; the rhythm of movement is sudden and gradual. "Listening" is an important guideline, a pausing to tune in.[21] In total there are ten shapes for the scores, which made it possible to create overwriting states. These instructions brought to the performance both a fixed and open movement aesthetic, oscillating between improvised and fixed. The score makes clear reference to American postmodern dance and minimalism of the 1960s, in which Robert Morris as well as the choreographers of Judson Church experimented with tasks and scores. Those choreographers—Steve Paxton, Yvonne Rainer, Trisha Brown, Lucinda Childs, and others—transformed dance away from the expressive tendencies of modern dance into reduced movement modalities or everyday activities. The work of Yvonne Rainer in particular was characterized by radical, non-virtuosic, and task-oriented movement material. It was based on "found movement," an "equality of the parts," "repetition of discrete events," and a "neutral performance" rather than emotive representation, a "literalness" and focus on the "human scale" of the settings.[22]

In *Ten Scores for a Sculpture*, all the requirements from this clear reference apply here as well, but become expanded and overwritten. The somatic movement practice in *Ten Scores for a Sculpture* creates a different form of intensity and indeterminacy between body, space, and score. It creates a complex, variable, vivid, cyborg-like body-image-space, which also has a different temporality than in the works of Rainer. Here, duration was often juxtaposed with timing.[23] In Geppert's work, there is a specific temporality of "sudden and sustained," a state of becoming in which differences are inscribed. This intuitive-investigative,[24] collaborative working method delimits not only the artistic disciplines or the boundaries between art and life, but also the individuals themselves—in a space of social possibility and in a complex temporality of past, present, and future. Movement constellations can be understood metaphorically and following Walter Benjamin. They exist side by side as a "bright unity of constellation," as a web of "similarities"—as with the traces, bodies, movements, and objects in the space. "The ideas relate to things in a way similar to the constellations of stars. [...] Instead of reaching toward the big picture, one's gaze may recede into the details without losing the context." Benjamin also describes this as the "brilliant combining of the what-has-been and the now into a constellation."[25] The expansion of sculpture into dynamic and social realms—which, at the same time, invokes an earlier movement archive and its affects—actually allows Stella Geppert's work to appear often as charged constellations. This complex temporality remains stored in the overwriting traces of the notation.[26]

Points of Contact: Notations from Movement

Stella Geppert's *Hieroglyphendecke* thus renders something constellative visible, something which cannot be named and yet is permeated by the social. In her work, things arise by themselves—from a mood, a touch, an affect. In her study *Politics of Touch*, the philosopher Erin Manning describes affect as touch: "Affect is not emotion, though it does play on the idea of movement within the word *emotion*. Emotion is affect plus an awareness of that affect. Affect is the with-ness of the movement of the world. Affect is that which grips me first in the moment of relation, *firstness* in Charles Sanders Peirce's vocabulary. Affect is an ontogenetic power of existence."[27] In this sense, the special quality of the score-based movement arrangement can be read as an affective space in which thinking and feeling, the active and the passive, and before and after are blurred.

The central instrument of this aesthetic is the *Headset*, which does not initiate drawing from the hand, but rather from an extension of the head; it is neither costume nor symbol, but rather has a literal quality to it. According to the score, the *Headset* itself was not to play an active role in recording. Instead, it left traces everywhere—on the floor, on the walls, on the other performers; but not as a tool, weapon, shield, or symbol of oppression, as in Rebecca Horn's pencil-masked work from her 1973 series *Performances II*. Rather, the points of contact left traces as bodily "piercings of the space" and as "abrasions" on the walls. Thus, the artist describes this process between dance and drawing,[28] — reminiscent of an *écriture automatique* or a drawing machine. The *Headset* left traces of movements, notations that are no longer legible but still give a sense of said movements—similar to the way that notation in dance functions as a score.

In his current study *Schrift im Raum* and in an article entitled "Dancing is like scribbling," Alexander Schwan explores the "correlations between text and dance" in the twentieth century. Like Gabriele Brandstetter, he understands dancing as an *écriture corporelle* in space, and analyzes the "poetics of movement" as "imaginary penmanship" and "ephemeral inscription in the space."[29] Here, spatial writing is understood to be a quasi-, para- or as-if-text in which the question of decoding is posed in a particular way. Dance, in Schwan's view, is the permutation of penmanship consisting of movement lineations; dance is like scribbling, and there is no longer a separation between process and product. In particular because here, in the interaction between dance performer and viewer, a kinesthetic cooperation, a kind of "scribbling," takes place. The *écriture corporelle* is a "product of the imagi-nation" with all its "geometric lines and extensions, archetypal shapes and abstractions"—a process of (de-)figuration. In addition, the non-repeatability of the scribbled notation makes possible an experience of difference, and with it an experience of the possibility of a situation being different.[30]

Ten Scores for a Sculpture can be read as a kind of defiguration and *écriture corporelle*—without it being able to be fully read as such. Process and product are blurred. The spectators complete the imaginary mind map. Beyond that, Stella Geppert's works manifest themselves as signatures, even; namely, as notations of movement from charcoal markings in the space—whether from a conversation, head movements while reading, or a piece of choreography. Occasionally, movement traces condense on the Hieroglyphendecke, the walls of the performance site, or on the bodies of the fellow dancers, calling for a completely different scale of the relationship between drawing and dance: a signatory notation. Gabriele Brandstetter and Laurence Louppe have characterized these—both with reference to the early notations of Raoul-Auger Feuillet in the eighteenth century and to the modernist experiments of the twentieth—as a "topography of the fugitive" and as "hieroglyphs in the shadow of writing."[31] These notations are understood as "hybrid penmanship," with movement "preserved and unfolded" and a tension between "time and materiality" thus opened. They are a "formal discovery, recording, or visualization" of movement—*choreo-graphs*, spatial writings in the literal sense; sometimes "pre-script," sometimes "script," sometimes "prescribed practices" (scores). They are difficult to decipher, and must be read correlatively and diagrammatically. They are more "inaccessible sites of the archives of dance" than reproductions, yet can be understood as "membranes of porous spaces" which absorb the movement of the bodies.[32] In these movement transmissions, the hieroglyphs in *Ten Scores for a Sculpture* unfold as "de-representation" and a "counter-writing of dance,"[33] but nevertheless within a continuity of abrasion and contact.

Deproduction and Plasticity

In addition to the continuity of coming into contact, of touch, "making the familiar foreign" is a central strategy in Geppert's work. It can be described as an aesthetic experience. As a sensual one, "to make the stone stony," as Viktor Shklovsky described it in his study *Kunst als Verfahren* [Art as process].[34] In sculptural contexts, modes of functioning are interrupted and perception intensified. Geppert's *Another kind of documentation* (2016) illustrated a similar process, re-designating a tripod to merge it with ceramic, clearly signaling the tactile treatment of this material. This suggests another form of storing and mediating movement. And in the ceramic work *Two Feet Seven Inches* (2018, p. 88), the manufacturing process and design are identical, because the shape is the product of a movement and, at the same time, performs it. This is also exemplified by Geppert's work *When Destruction Becomes New Form*, from 2011, which featured a series of smashed and reformed letter trays pointing to their industrial manufacturing. Here, the process of destruction was the preparatory work for the shaping process. In the traces of destruction[35] lay a new process of development as form and imprint of actions. This also applies to the plasticity of space in *Ten Scores for a Sculpture*: no fixed form emerges, neither is it only the transience of dance. Through notation, both enter into a tension of becoming and destroying; the fleeting object of the movements preserves, overwrites and renews traces. In her study on Hegel, Heidegger, Derrida, and Neuroscience, *Plasticity at the Dusk of Writing*, the French philosopher Catherine Malabou describes such a productive force as plasticity that lies in its destruction. This suits the paradoxical aesthetics of Geppert's work.[36] Malabou writes that "plasticity survives or transgresses its own destruction,"[37] and later that plasticity has the potential to simultaneously take and give shape, that it deconstructs all forms and opens itself in a kind of "metamorphosis" and "autoplasia" into the future. Therefore, plasticity is more than mere form, it is possibility. In this sense, Stella Geppert's works are plastic because they create and at the same time negate form. The ever regenerative mode of possibility, however, always remains intact. ———

Notes:

1) Laurence Louppe, ed., *Traces of Dance: Choreographers' Drawings and Notations*, trans. Brian Holmes and Peter Carrier (Paris: Dis Voir, 1994), 16.

2) The performance was part of the exhibition "Trajectories: New Drawing Embodiments," curated by Nicole Wendel and Jan-Philipp Frühsorge, together with Nikolaus Gansterer and Morgan O'Hara.

3) Jan Burkhardt is a dancer, choreographer, musician, and Laban-Bartenieff Movement Analyst. His research focuses on contemporary dance techniques and improvisation, contact improvisation, and body-mind centering. He collaborates with Laurent Chétouane, Sebastian Matthias, Martin Nachbar, and Cecilia Ross, among others.

4) See http://www.stella-geppert.de/detail.php?s=parasitre-verhltnisse-und-dialoge [accessed August 6, 2018]

5) Michel de Certeau, "Praktiken im Raum", in his book *Kunst des Handelns* (Berlin: Merve, 1988), 179–238; cited here: 186–87 and 217–26. See also the ethnographic studies on walking by Tim Ingold and Jo Lee Vergunst, eds., in *Ways of Walking: Ethnography and Practice on Foot* (London: Routledge, 2016), as well as Ingold, *The Life of Lines* (London: Routledge, 2015).

6) de Certeau, 225.

7) Gilles Deleuze and Félix Guattari, *Rhizom*, trans. Dagmar Berger et al. (Berlin: Merve, 1977).

8) Sabine Mainberger, *Experiment Linie: Künste und ihre Wissenschaften um 1900* (Berlin: Kadmos, 2010).

9) Interview conducted with the artist on November 20, 2017 at her studio in Berlin.

10) Stella Geppert in an interview.

11) In her famous *Cyborg Manifesto*, Haraway uses the feminist metaphor of the cyborg to describe a hybrid being that cannot be enshrined in binary orders such as male/female, human/machine, or human/animal, and as a result can undermine these hierarchies. See Donna Haraway, "Ein Manifest für Cyborgs. Feminismus im Streit mit den Technowissenschaften" in *Die Neuerfindung der Natur. Primaten, Cyborgs und Frauen* (Frankfurt am Main: Campus, 1995), 33–72.

12) Stella Geppert in an interview.

13) See Timo Skrandies and Katharina Kelter, eds., *Bewegungsmaterial. Produktion und Materialität in Tanz und Performance* (Bielefeld: transcript, 2016).

14) Stella Geppert in an interview.

15) See Sebastian Matthias, "Groove relations. Bewegungsqualitäten als Ordnungsstruktur partizipativer Versammlungen in Clubtanz und zeitgenössischer Choreographie" in *Versammlung und Teilhabe. Urbane Öffentlichkeiten und performative Künste*, edited by Regula Valérie Burri et al., (Bielefeld: transcript, 2014), 51–73, esp. 55.

16) Robert Morris, *Bemerkungen zur Skulptur. Zwölf Texte*, edited by Susanne Titz and Clemens Krümmel (Zurich: JRP Ringler, 2010).

17) Morris, 26, 28.

18) In her study of scores and instructions, Liz Kotz describes these practices of written instruction in use since the 1960s as performative and interdisciplinary because they fluctuate between language, visual art, poetry and performative action, citing Vito Acconci, Joseph Kosuth and Lawrence Wiener, among others. Kotz, *Words to Be Looked At* (Cambridge, MA: MIT Press, 2010).

19) Freely adapted from an interview with Geppert.

20) The theme of imprinting was already addressed by the artist in an earlier work: in Both at the same time (2011), she exhibited A4 sheets

of fingerprinted paper, revealing the potential and duration of actions.

21) Stella Geppert in an interview.

22) See Yvonne Rainer, "A Quasi Survey on Minimalist Tendencies in the Quantitatively Minimal Dance Activity Midst the Plethora or an Analysis of Trio A," in Gregory Battcock, ed., *Minimal Art: A Critical Anthology* (New York: E. P. Dutton & Co, 1968), 263–67, cited here: 263.

23) See Lambert-Beatty, "Wie man Zeit organisiert", 32f.

24) In the interview, Stella Geppert named Henri Bergson and Maurice Merleau-Ponty as inspiration for an intuitive method of inquiry.

25) Walter Benjamin, *Das Passagen-Werk*, Vol. 1 (Frankfurt am Main.: Suhrkamp, 1983), 576.

26) Stella Geppert in an interview.

27) Erin Manning, *Politics of Touch: Sense, Movement, Sovereignty* (Minneapolis, MN: Minnesota University Press, 2007), xxi; emphasis in the original.

28) Stella Geppert in an interview.

29) Alexander Schwan, *Schrift im Raum. Korrelationen von Tanzen und Schreiben bei Trisha Brown, Jan Fabre und William Forsythe*, Bielefeld: transcript, 2019 (forthcoming); Schwan, "'Dancing is like Scribbling, you know.' Schriftbildlichkeit in Trisha Browns Choreographie Locus" in *Sprache und Literatur* 42. Nr. 107 (2011), 58–70.

30) Schwan, 60–3, 67.

31) Gabriele Brandstetter, Kirsten Maar, and Franck Hofmann, eds.: *Notationen und choreographisches Denken*, =scenes, Vol. 13 (Freiburg, Germany: Rombach, 2009), 7; Louppe, *Traces of Dance*, 19; and Burghalter, Sarah and Laurence Schmidlin, eds.: *Spacescapes: Dance and Drawing since 1962* (Zurich: JRP Ringier, 2017).

32) Louppe, 28.

33) Louppe, 11.

34) Viktor Shklovsky, "Kunst als Verfahren" (1916), in Juri Striedter, ed., *Russischer Formalismus* (Munich: Utb, 1994), 5–35, esp. 15. Bertolt Brecht develops this thought further as to the effect of alienation, see Brecht, "Vierter Nachtrag zur Theorie des 'Messingkaufs'", in *Texte zur Theorie des Theaters* [Texts on the theory of theater], edited by Klaus Lazarowicz and Christopher Balme (Stuttgart: Reclam, 1991), 282–85.

35) Stefanie Böttcher in interview with Stella Geppert, see http://www.stella-geppert.de/perch/resources/boettcher-geppertinterviewdt-3.pdf [accessed August 8, 2018].

36) Catherine Malabou, *Plasticity at the Dusk of Writing: Dialectic, Destruction, Deconstruction*, trans. Carolyn Shread (New York: Columbia University Press, 2009).

37) Malabou, 76.

Bibliography / Literatur

– Benjamin, Walter. *Das Passagen-Werk*, Vol. 1. Edited by Rolf Tiedemann. Frankfurt am Main.: Suhrkamp, 1983.

– Böttcher, Stefanie. "Interview mit Stella Geppert." Accessed August 8, 2018. http://www.stella-geppert.de/perch/resources/boettcher-geppertinterviewdt-3.pdf.

– Brandstetter, Gabriele, Kirsten Maar, and Franck Hofmann, eds. *Notationen und choreographisches Denken*, Vol. 13. Freiburg: Rombach, 2009.

– Brandstetter, Gabriele. "Still/Motion. Zur Postmoderne im Tanztheater". *Bild-Sprung: TanzTheaterBewegung im Wechsel der Medien*. Berlin: Theater der Zeit, 2005.

– Brecht, Bertolt. "Vierter Nachtrag zur Theorie des 'Messingkaufs'", in *Texte zur Theorie des Theaters*. Edited by Klaus Lazarowicz and Christopher Balme. Stuttgart: Reclam, 1991.

– Burghalter, Sarah and Laurence Schmidlin, eds. *Spacescapes: Dance and Drawing since 1962*. Zurich: JRP Ringier, 2017.

– Certeau, Michel de. "Praktiken im Raum". *Kunst des Handelns* [Art of action]. Berlin: Merve, 1988.

– Deleuze, Gilles and Félix Guattari. *Rhizom*. Translated by Dagmar Berger, Clemens-Carl Haerle, Helma Konyen, Alexander Krämer, Michael Nowak and Kade Schacht. Berlin: Merve, 1977.

– Gansterer, Nikolas, Emma Cocker, and Mariella Greil, eds. *Choreo-graphic Figures. Deviations from the Line*. Berlin: De Gruyter, 2017.

– Haraway, Donna. "Ein Manifest für Cyborgs. Feminismus im Streit mit den Technowissenschaften". *Die Neuerfindung der Natur. Primaten, Cyborgs und Frauen*. Frankfurt am Main: Campus, 1995.

– Ingold, Tim and Jo Lee Vergunst, eds. *Ways of Walking: Ethnography and Practice on Foot*. London: Routledge, 2016.

– Ingold, Tim. *The Life of Lines*. London: Routledge, 2015.

– Kotz, Liz. *Words to Be Looked At*. Cambridge, MA: MIT Press, 2010.

– Lambert-Beatty, Carrie. "Wie man Zeit organisiert,". *Yvonne Rainer: Raum Körper Sprache / Space Body Language*. Edited by Yilmaz Dziewior and Barbara Engelbach. Cologne: Walther König, 2012.

– Louppe, Laurence, ed. *Traces of Dance: Choreographers' Drawings and Notations*. Translated by Brian Holmes and Peter Carrier. Paris: Dis Voir, 1994.

– Mainberger, Sabine. *Experiment Linie: Künste und ihre Wissenschaften um 1900.* Berlin: Kadmos, 2010.
– Malabou, Catherine. *Plasticity at the Dusk of Writing: Dialectic, Destruction, Deconstruction*. Translated by Carolyn Shread. New York: Columbia University Press, 2009.
– Manning, Erin. *Politics of Touch: Sense, Movement, Sovereignty*. Minneapolis, MN: Minnesota University Press, 2007.
– Matthias, Sebastian. "Groove relations. Bewegungsqualitäten als Ordnungsstruktur partizipativer Versammlungen in Clubtanz und zeitgenössischer Choreographie". *Versammlung und Teilhabe. Urbane Öffentlichkeiten und performative Künste*. Edited by Regula Valérie Burri, Kerstin Evert, Sibylle Peters, Esther Pilkington, and Gesa Ziemer. Bielefeld: transcript, 2014.
– Morris, Robert. *Bemerkungen zur Skulptur. Zwölf Texte*. Edited by Susanne Titz and Clemens Krümmel. Zurich: JRP Ringler, 2010.
– Rainer, Yvonne. "A Quasi Survey on Minimalist Tendencies in the Quantitatively Minimal Dance Activity Midst the Plethora or an Analysis of Trio A." *Minimal Art: A Critical Anthology*. Edited by Gregory Battcock. New York: E. P. Dutton & Co, 1968.
– Schwan, Alexander. *Schrift im Raum. Korrelationen von Tanzen und Schreiben bei Trisha Brown, Jan Fabre und William Forsythe*. Bielefeld: transcript, 2019 [forthcoming].
– Schwan, Alexander. "'Dancing is like Scribbling, you know.' Schriftbildlichkeit in Trisha Browns Choreographie Locus". *Sprache und Literatur* 42., no. 107 (2011): 58–70.
– Shklovsky, Viktor. "Kunst als Verfahren" (1916). Edited by Juri Striedter. *Russischer Formalismus*. Munich: Utb, 1994.
– Skrandies, Timo and Katharina Kelter, eds. *Bewegungsmaterial. Produktion und Materialität in Tanz und Performance*. Bielefeld: transcript, 2016.

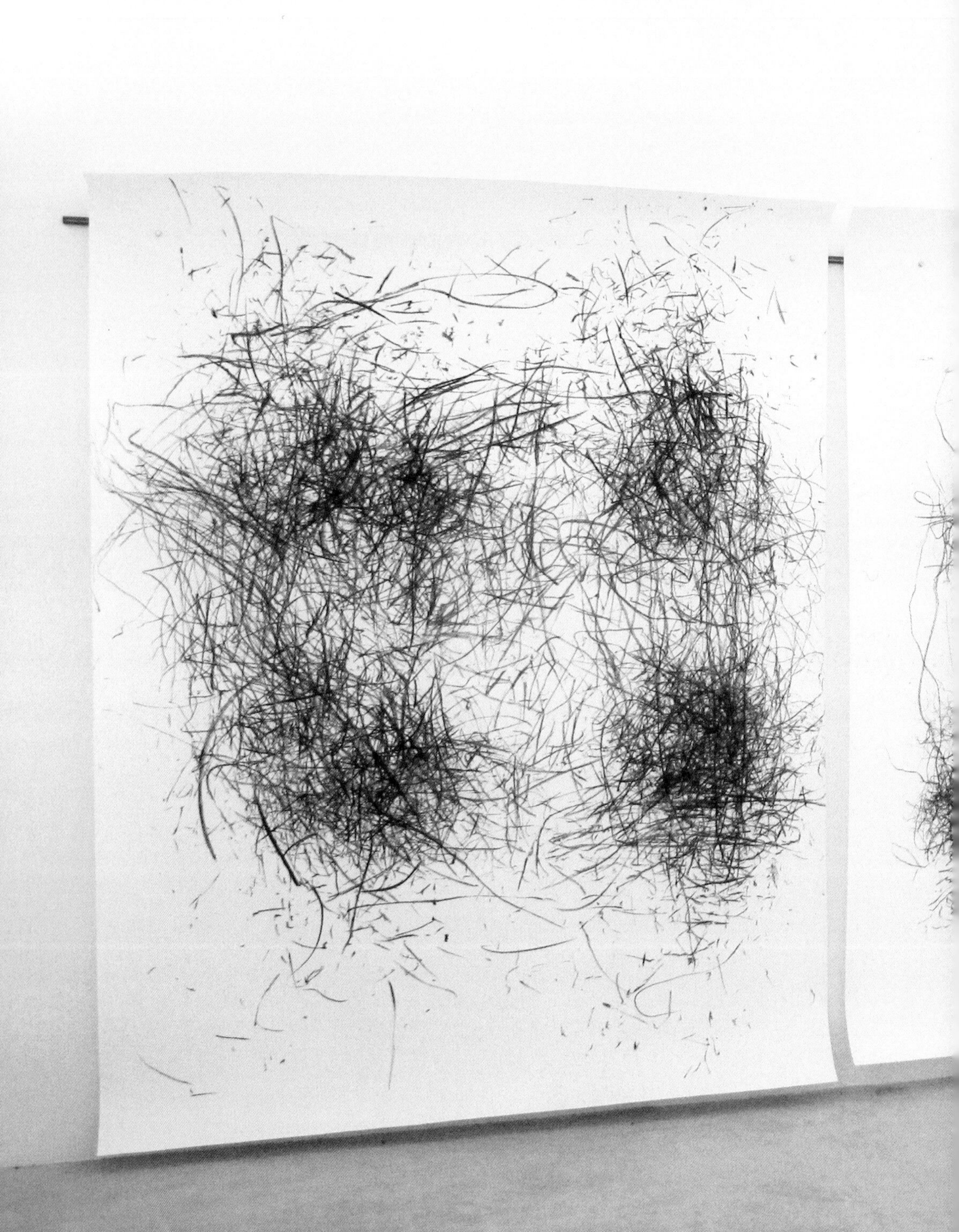

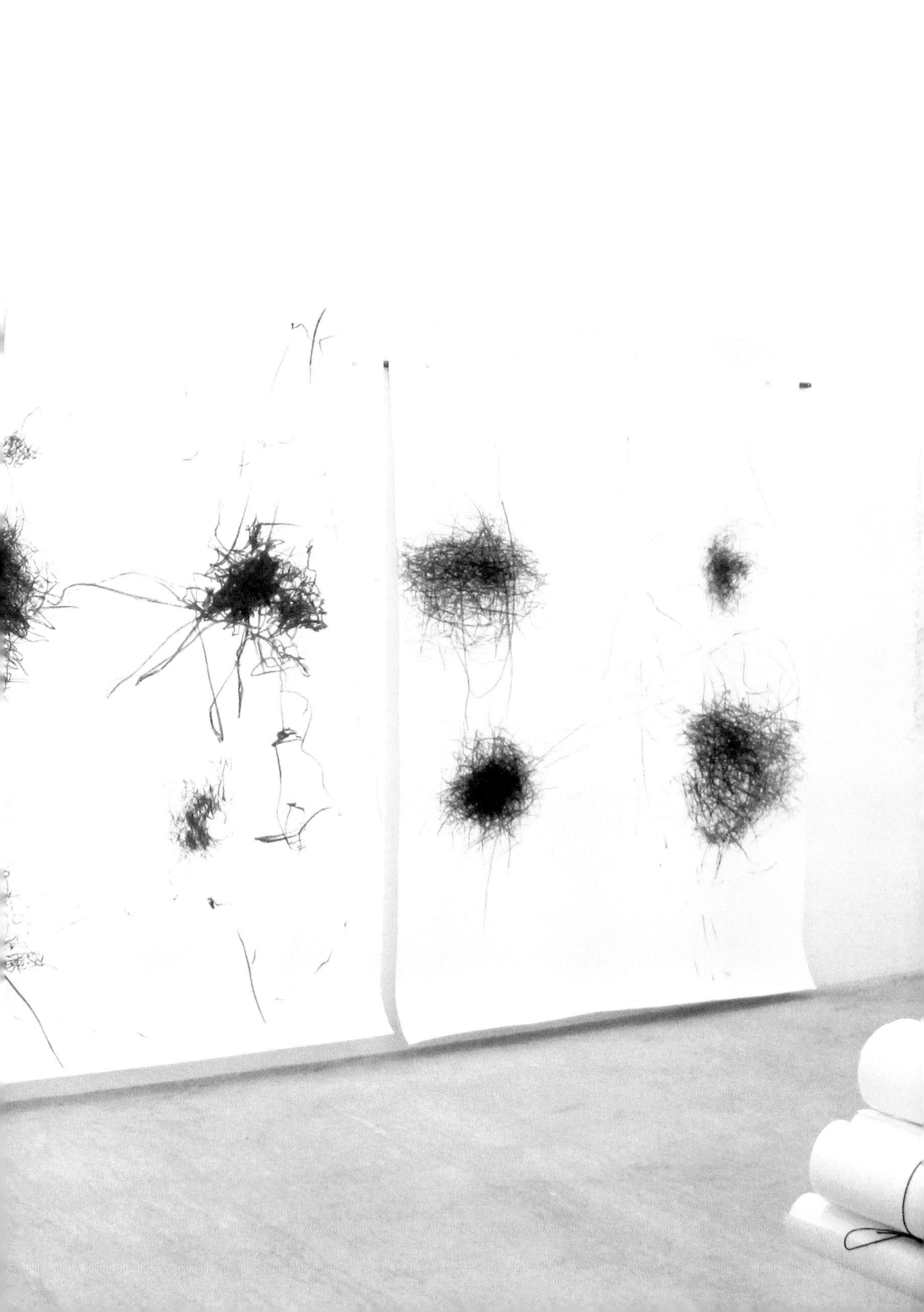

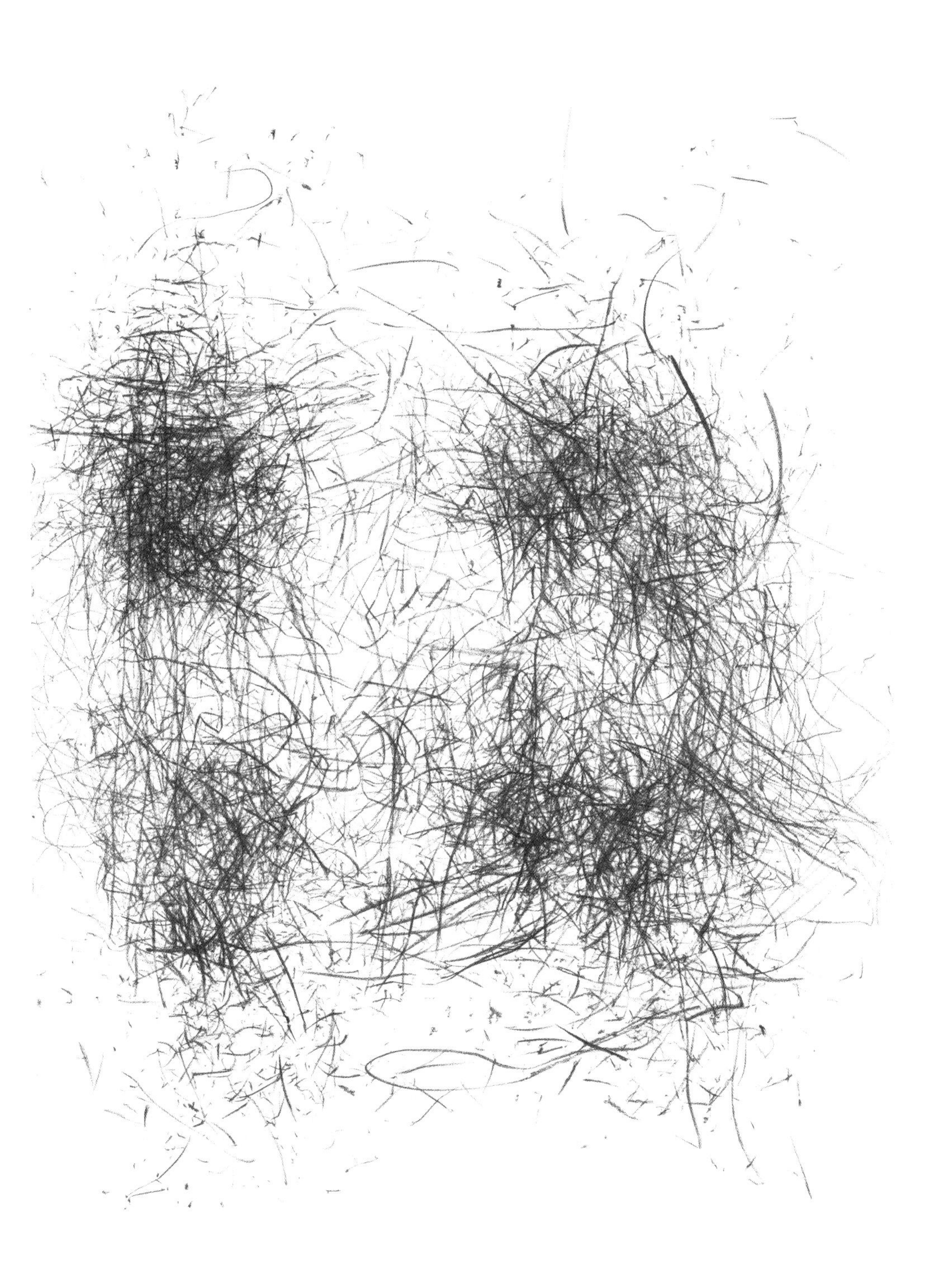

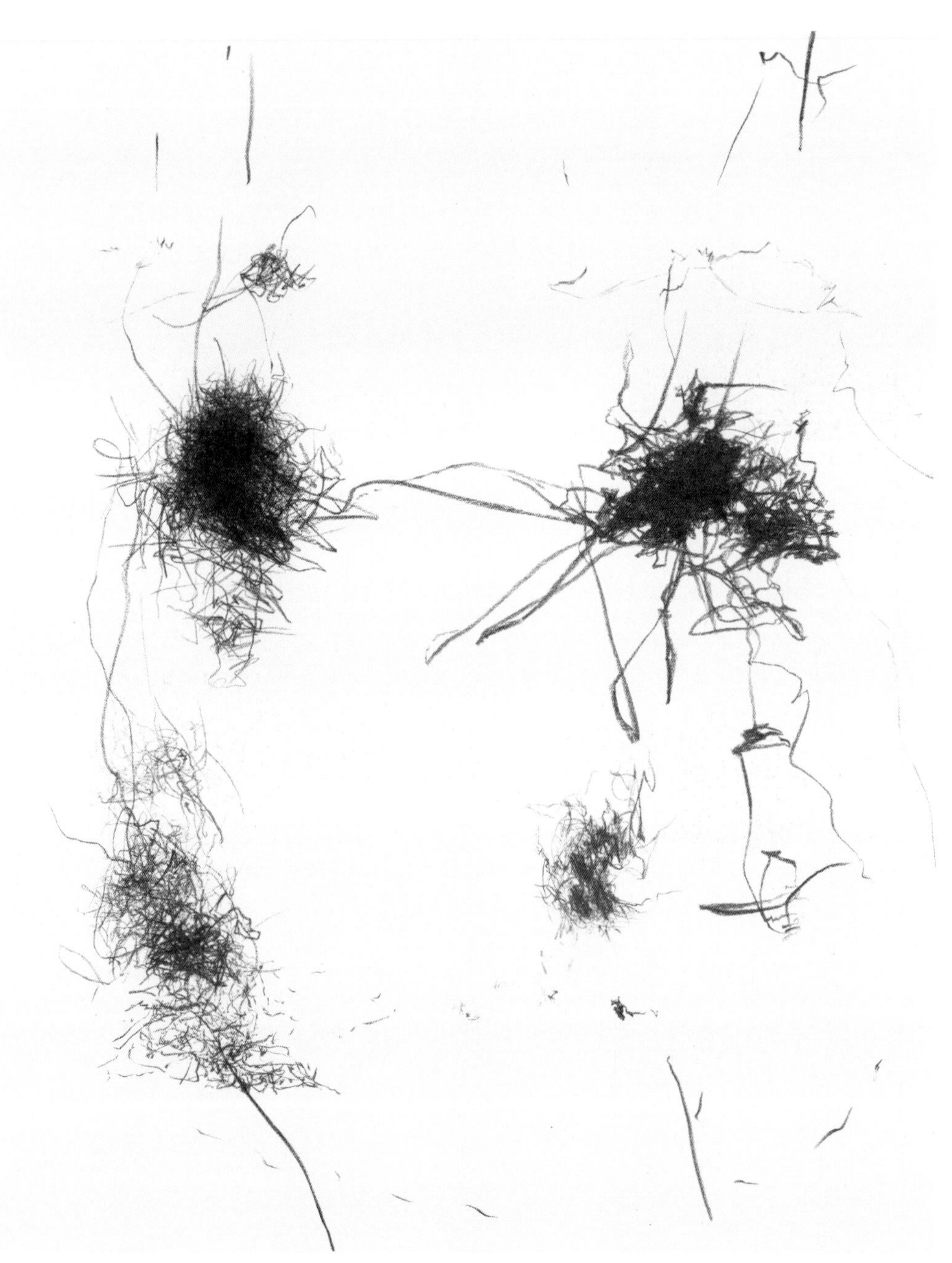

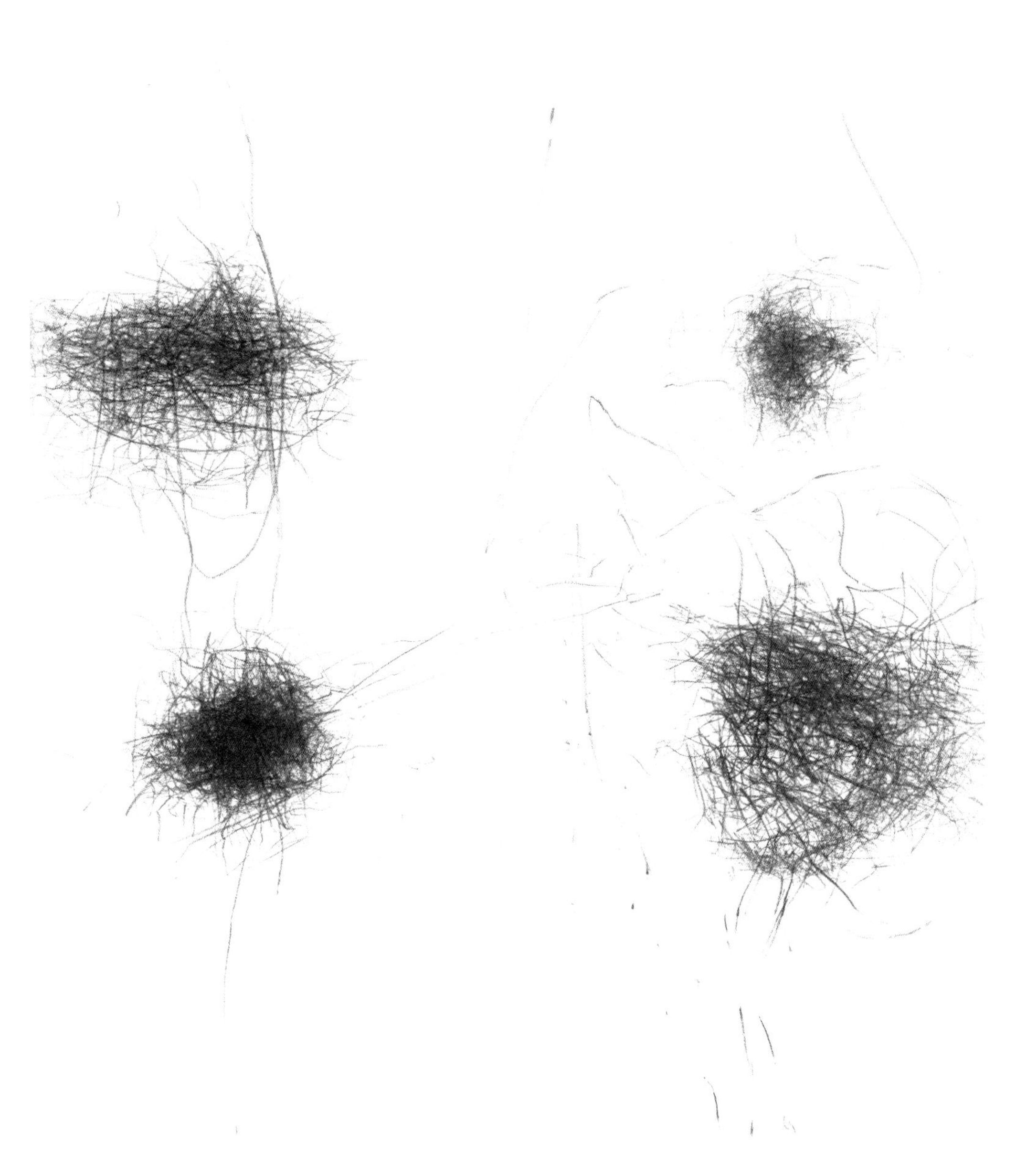

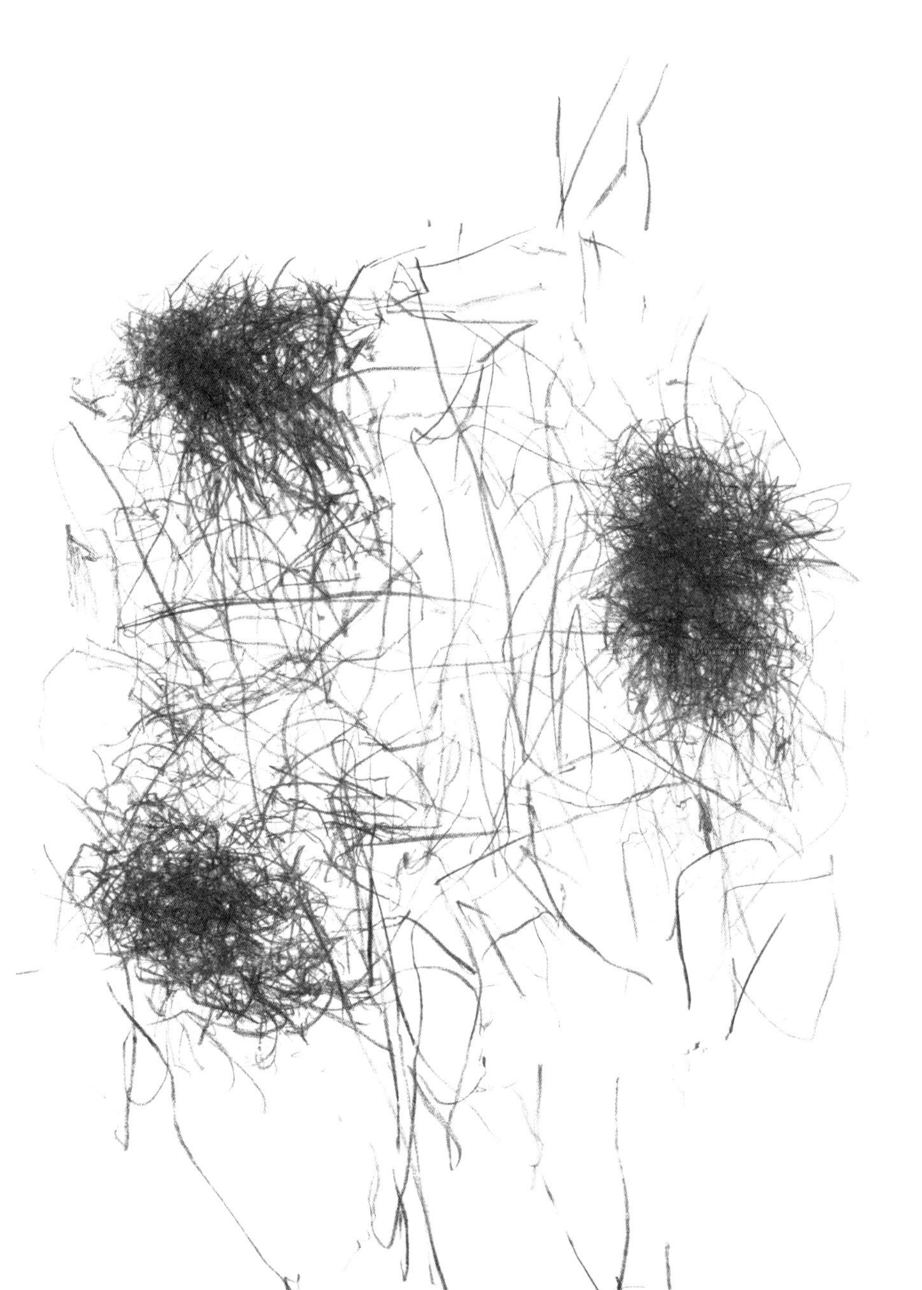

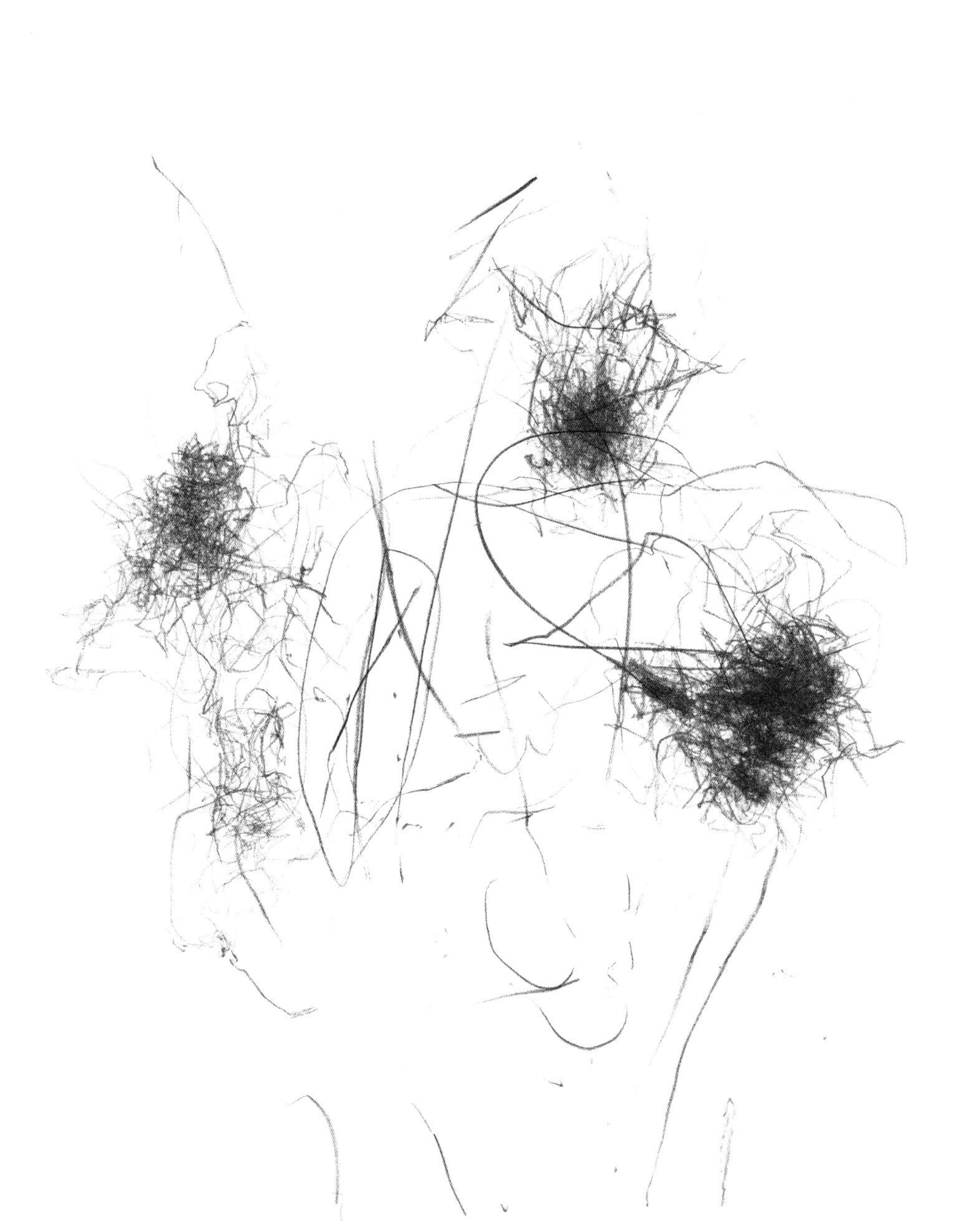

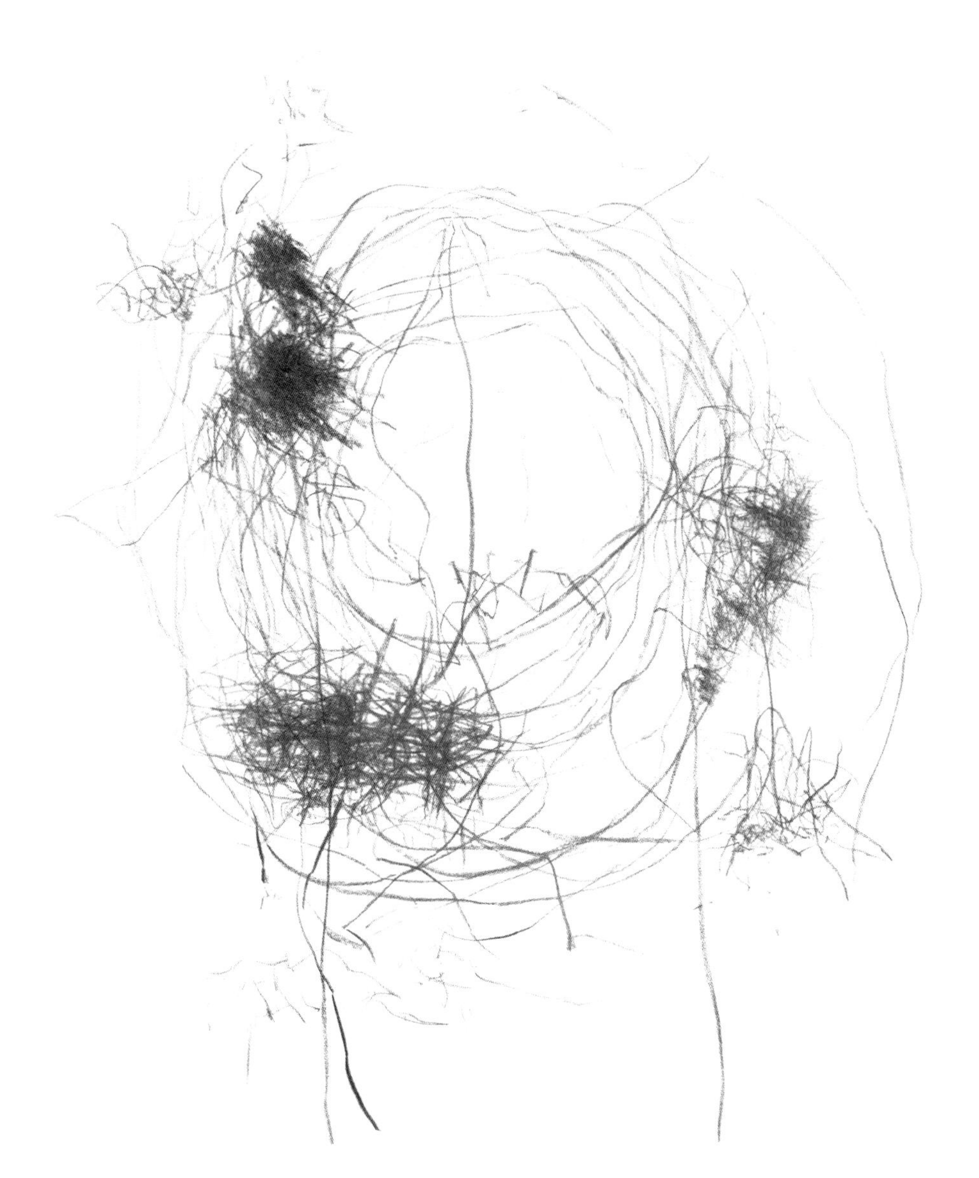

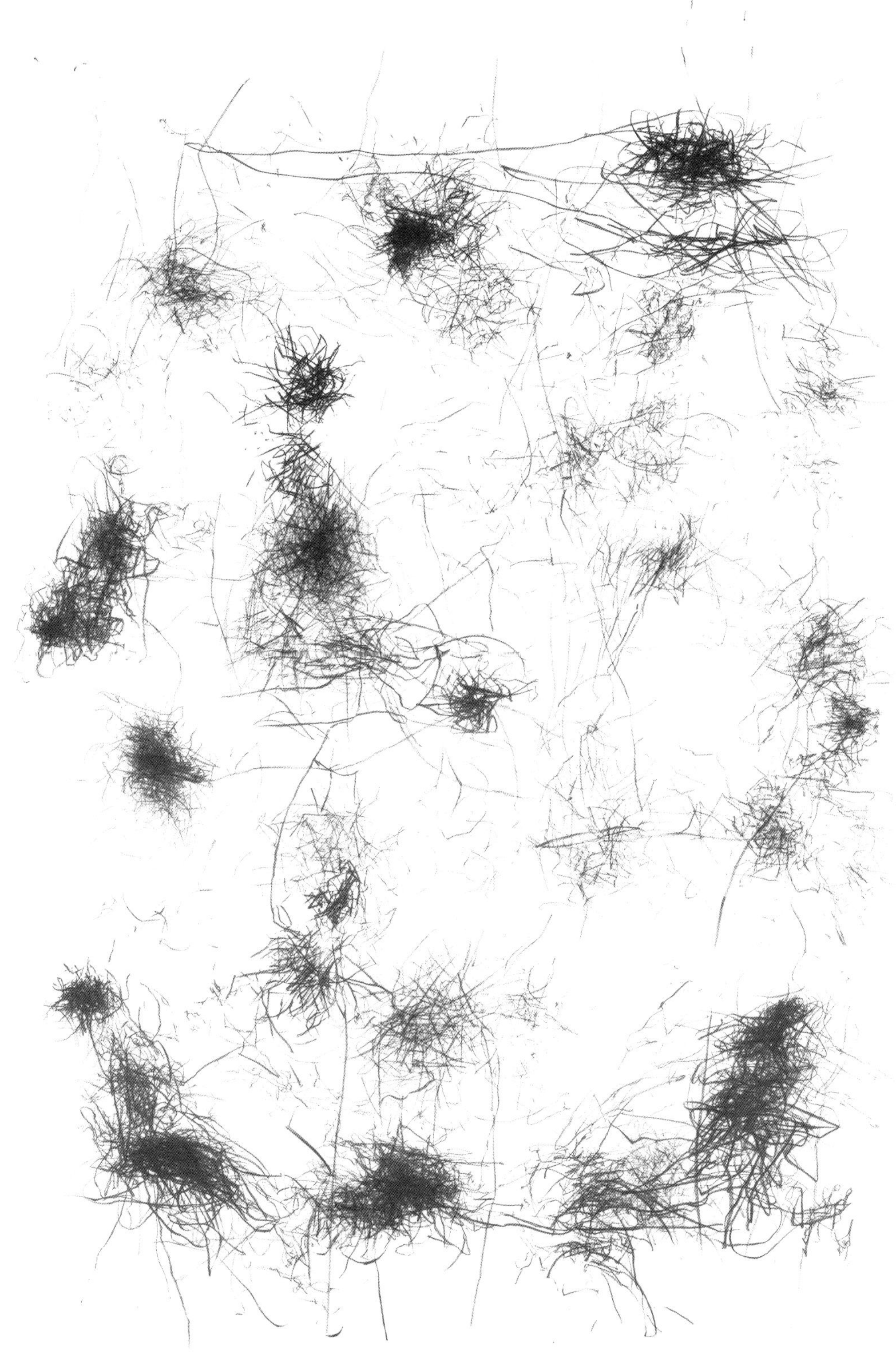

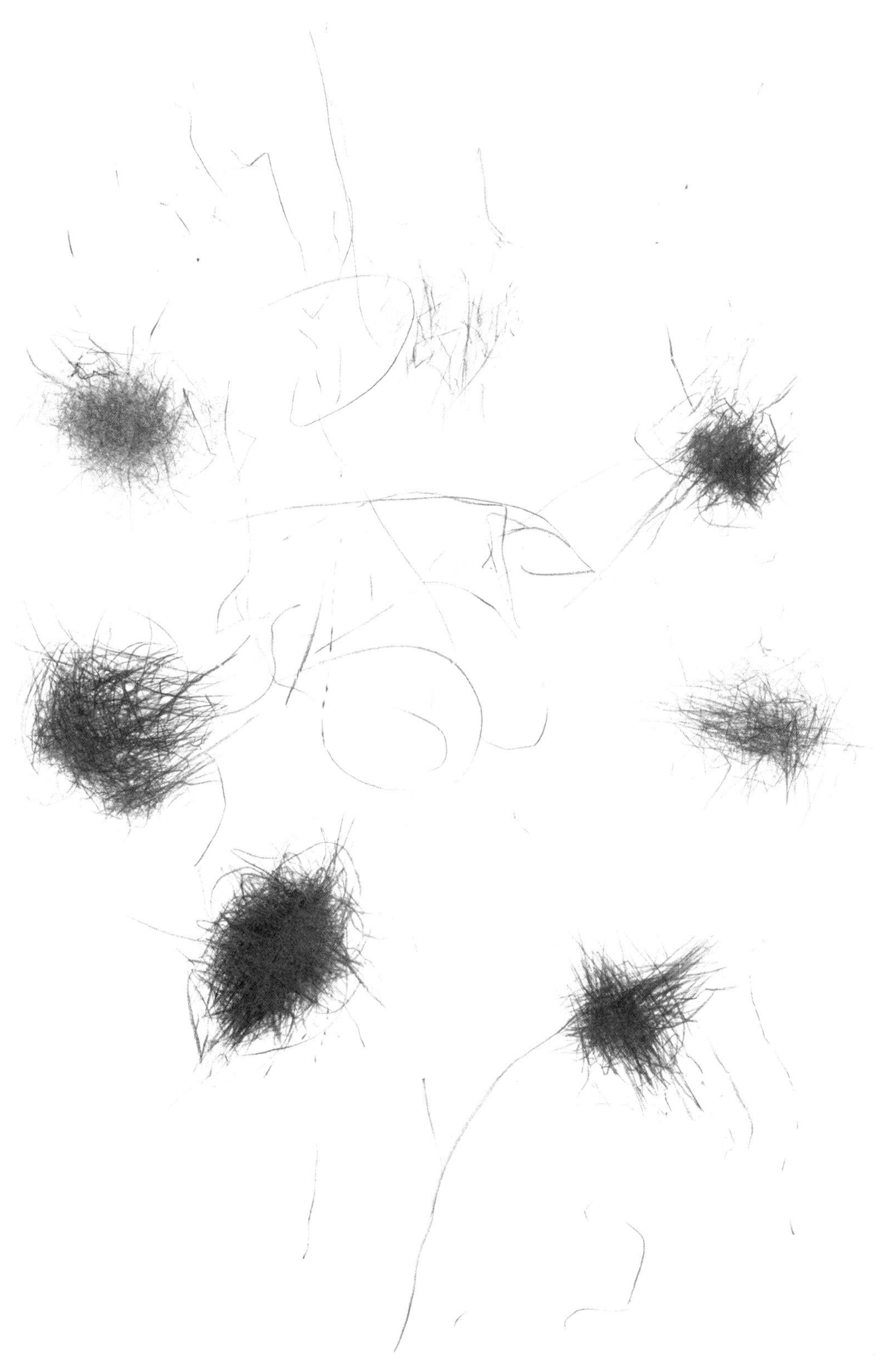

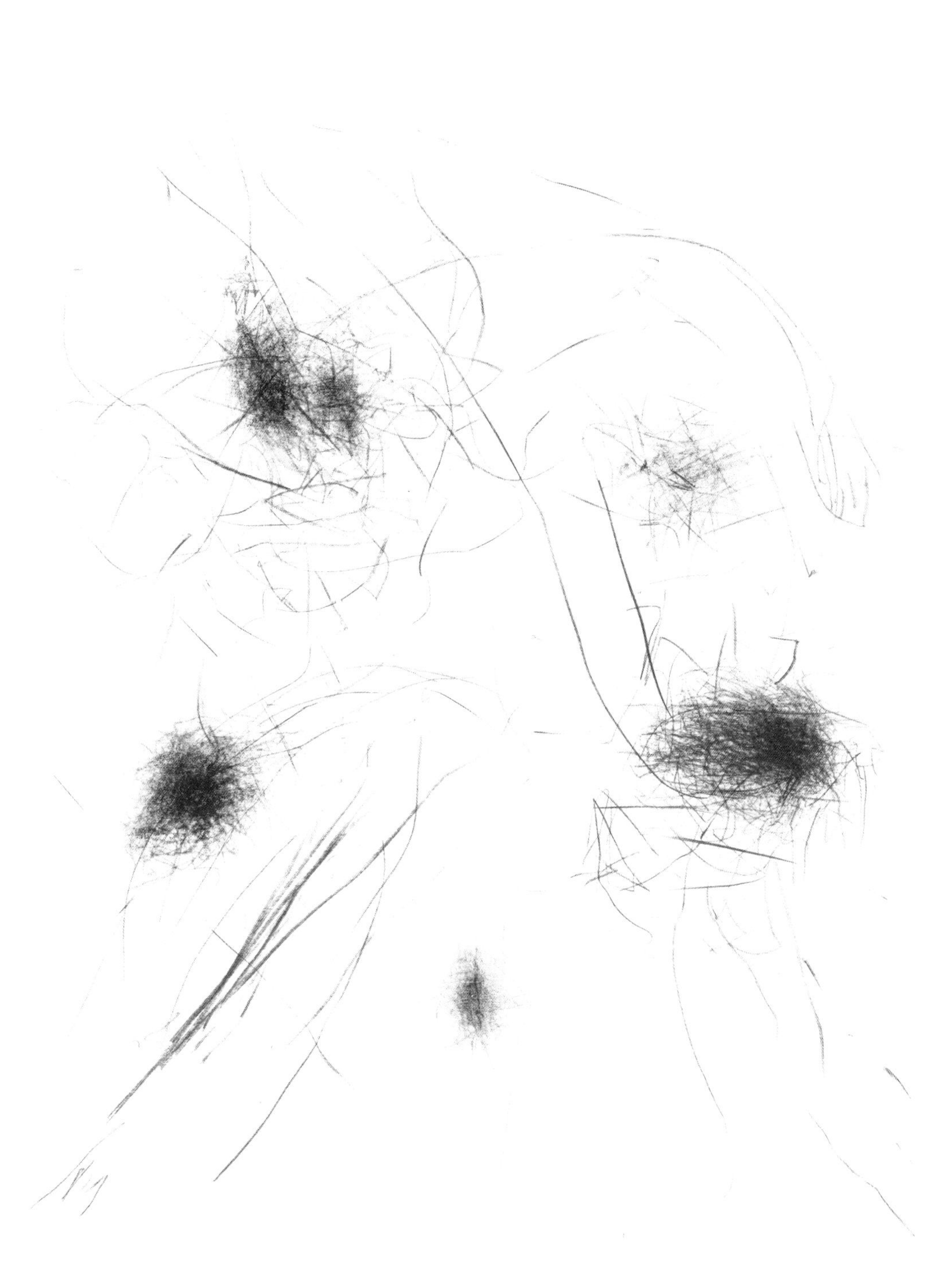

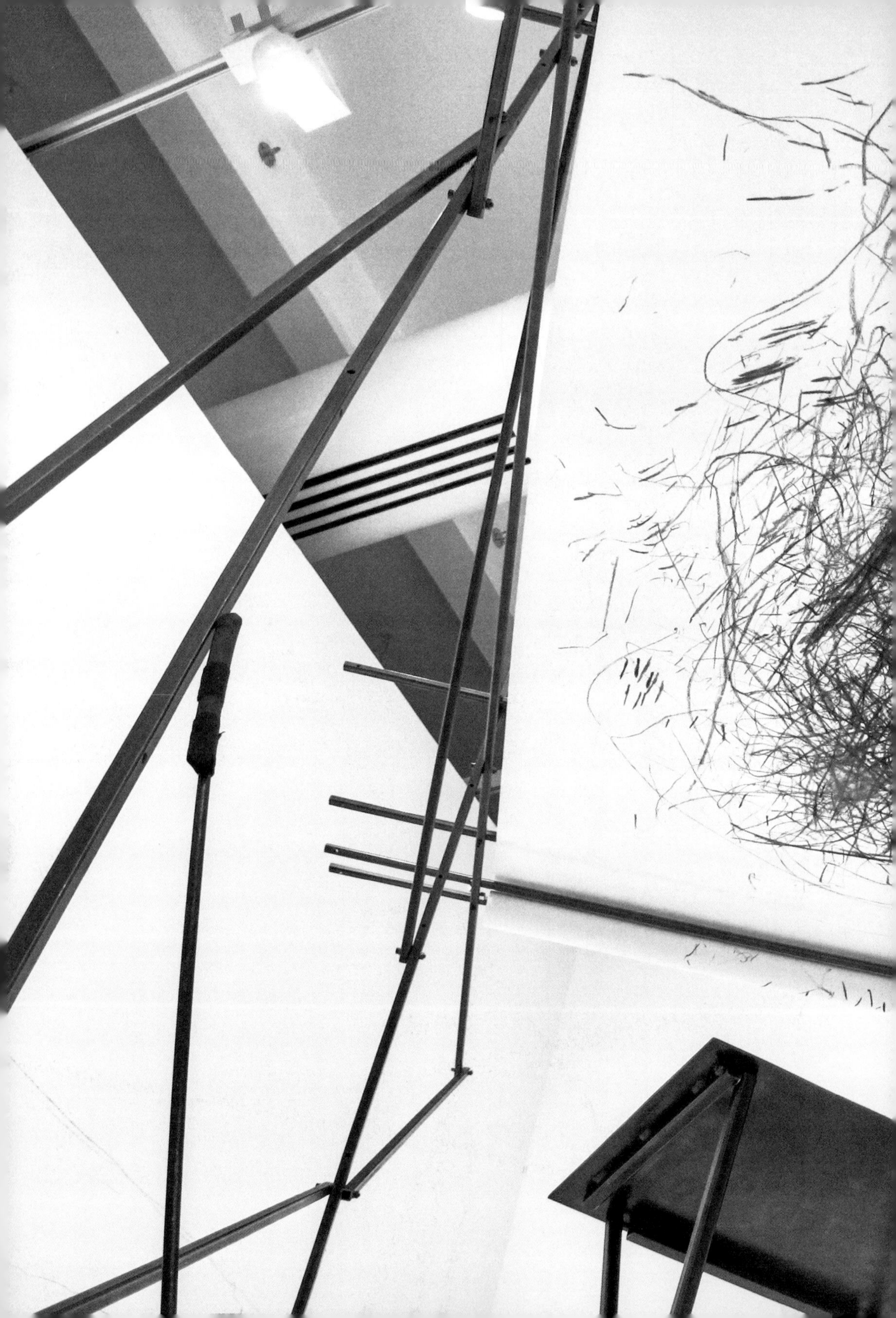

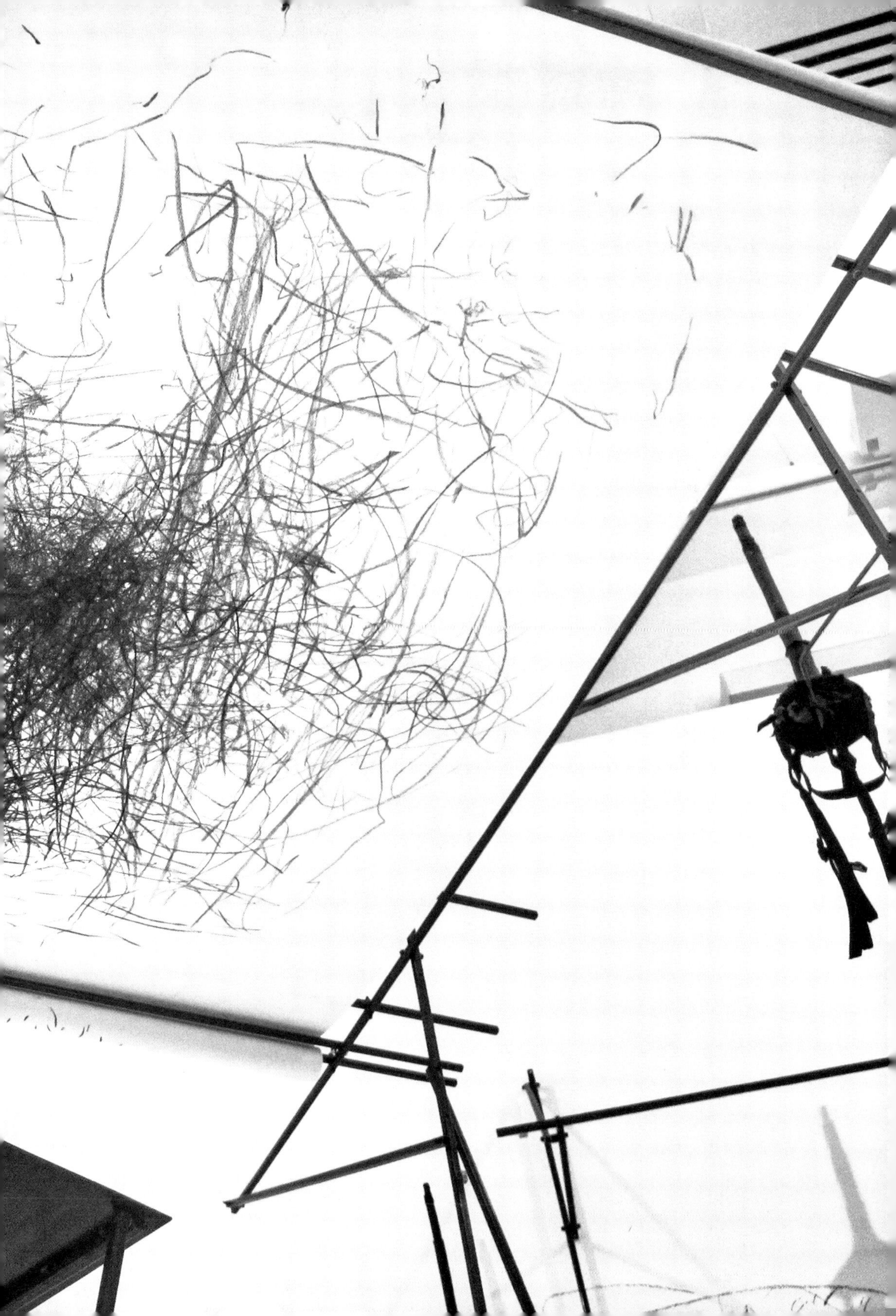

Reading Simone Forti, Handbook in Motion, 1974, »Körperarbeit«, Kunsthalle der Sparkasse Leipzig, Lecture Performance, 360 min

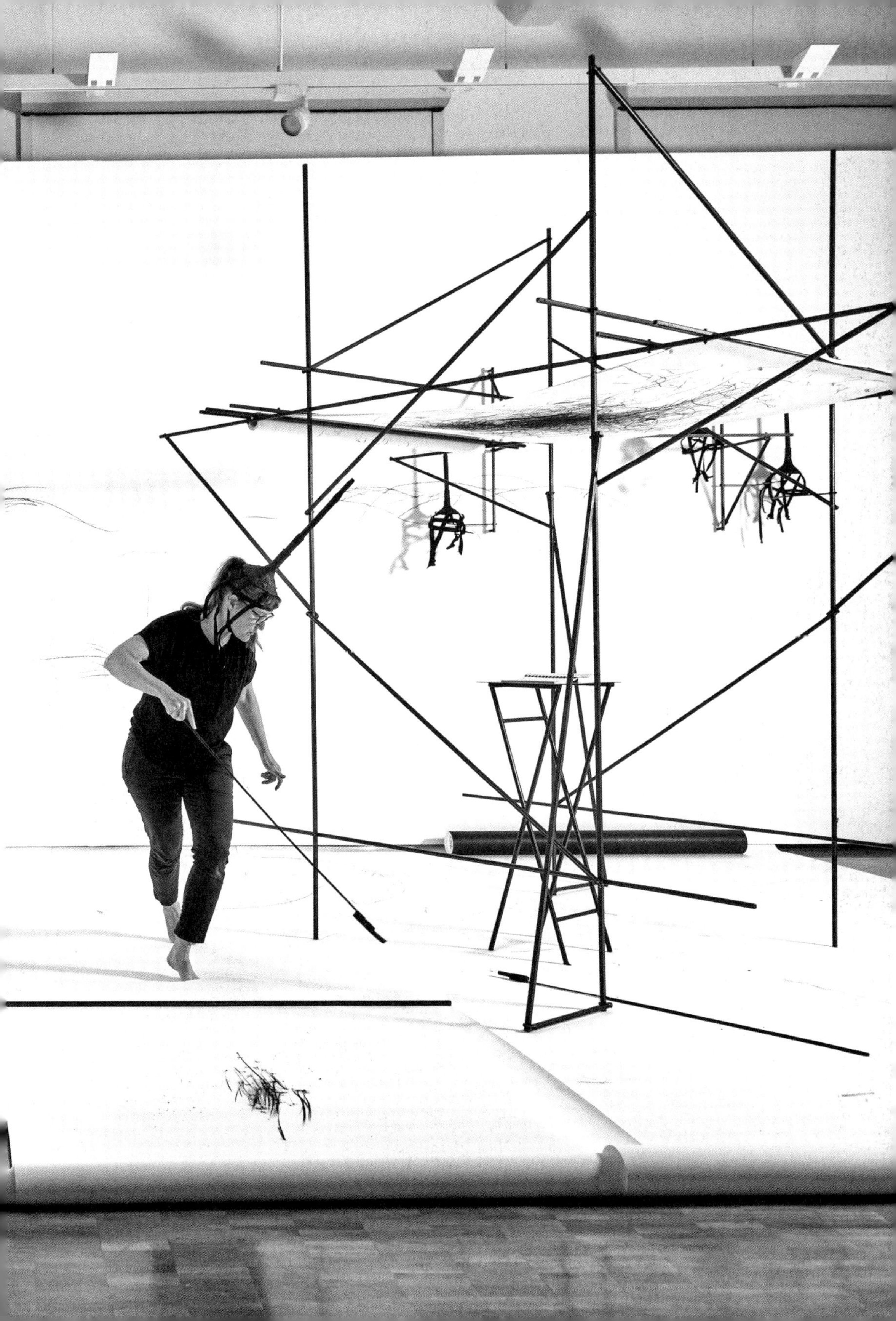

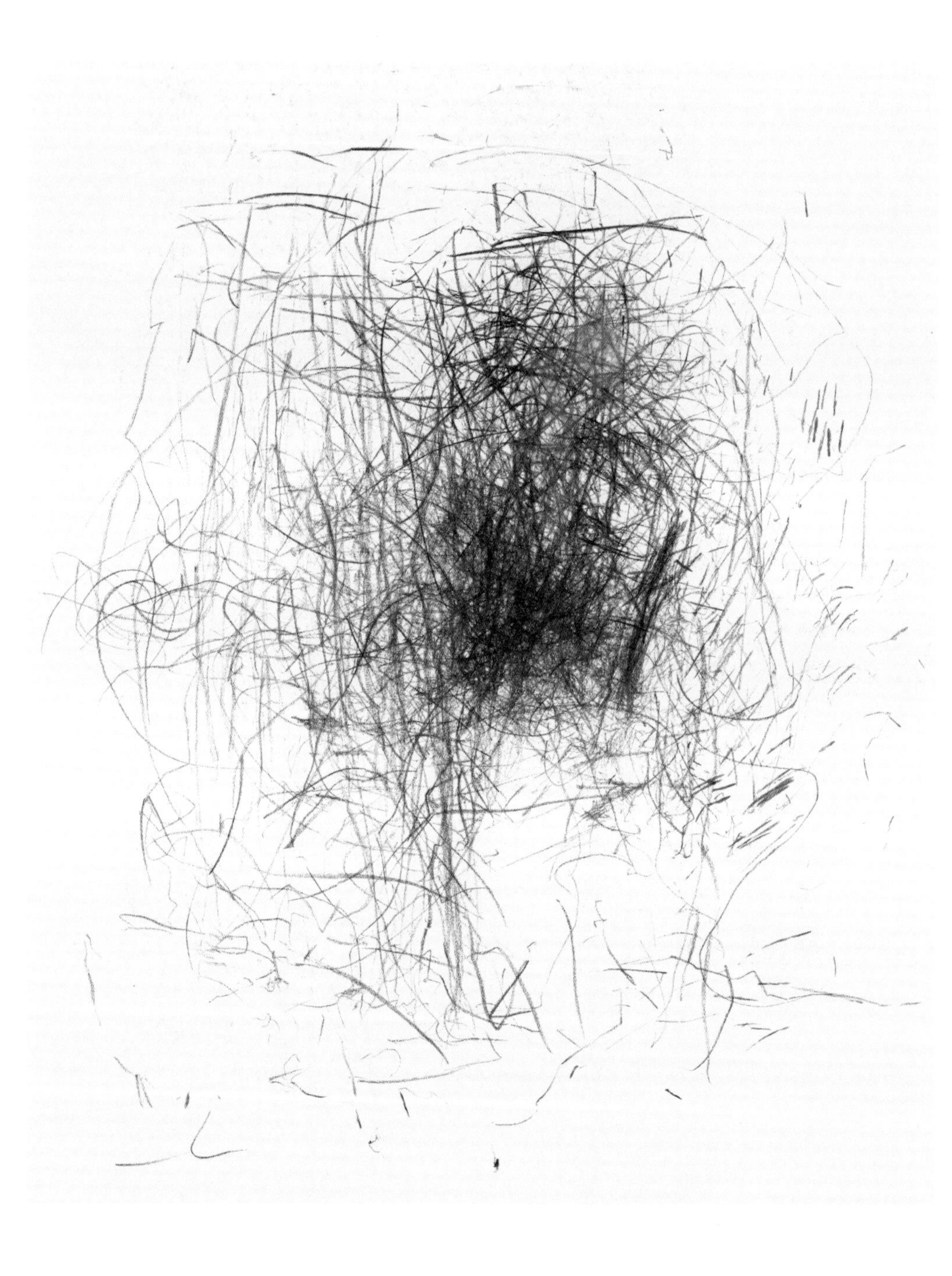